PÉDAGOGIE PRATIQUE À L'ÉCOLE

ACTIVITÉS NUMÉRIQUES ET RÉSOLUTION DE PROBLÈMES AU CYCLE 2

UNE PROGRESSION DE CYCLE
DES SITUATIONS POUR MAÎTRISER LES COMPÉTENCES

Acquérir les connaissances • Développer les capacités
Acquérir les attitudes

Bruno BONHÊME
Alain DESCAVES

HACHETTE
Éducation

Les auteurs

Bruno Bonhême est professeur des écoles et maître formateur à l'IUFM d'Aquitaine.

Alain Descaves est professeur à l'IUFM d'Aquitaine.
Il est également auteur, chez Hachette Éducation, de *Activités numériques à l'école maternelle* (avec Sylvie Vignaud), de *Les Mathématiques au CRPE* et du *Manuel de mathématiques du PE2*.
Il est coauteur d'une collection de manuels de mathématiques pour l'école élémentaire.

Couverture : Domino
Réalisation : C*MB* Graphic

ISBN : 978-2-01-171006-2

www.hachette-education.com

SOMMAIRE

PREMIÈRE PARTIE
PROGRESSION DE CYCLE : TRAME ET SITUATIONS D'APPRENTISSAGE AU CP

DEUXIÈME PARTIE
PROGRESSION DE CYCLE : TRAME ET SITUATIONS D'APPRENTISSAGE AU CE1

TROISIÈME PARTIE
SITUATIONS ET EXERCICES COMPLÉMENTAIRES (CP ET CE1)

QUATRIÈME PARTIE
LES CONDITIONS DES APPRENTISSAGES NUMÉRIQUES AU CYCLE 2
Mises au point didactiques et choix pédagogiques

INTRODUCTION

Dès l'école maternelle, les enfants ne sont pas tous égaux. Certains disposent déjà de connaissances qui leur assurent une réussite facile et rapide. D'autres ne savent pas, se trompent, ne comprennent pas ce que l'on attend d'eux. Mais ils comprennent bien, par contre, qu'ils ne répondent pas à l'attente de l'école : ils peinent, souffrent, se dévalorisent peu à peu aux yeux des autres, perdent confiance et se construisent progressivement l'identité d'élèves en difficulté, rebelles ou passifs, agités ou rêveurs. Si l'école faillit à sa tâche, les différences de capital culturel présentes chez les jeunes enfants créent les inégalités scolaires.

Quels apprentissages et quelle pédagogie mettre en place pour rompre avec ce déterminisme ? Comment permettre à chaque enfant de s'inscrire dans un projet de développement personnel ressenti comme libre et nécessaire, tout en le plaçant en position d'acteur de la société, dans un cadre contraint et obligatoire, celui de l'institution École qui fixe un projet d'apprentissage ? Plusieurs voies sont évidemment possibles mais, pour chacune d'entre elles, **la problématique du sens doit être centrale et servir de guide**. Le défi consiste à rendre possible l'apprentissage du sens, afin d'en optimiser la probabilité, tout en donnant du sens à l'acte d'apprendre.

Le sens se construit en situation, c'est-à-dire en relation avec des milieux matériels évolutifs, choisis avec soin par l'enseignant, et dans des interactions multiples entre les acteurs de la relation pédagogique (l'enseignant et les pairs). Il se construit au contact et par l'appropriation d'une culture préexistante à l'enfant et qui s'impose par ses codes, mais aussi dans la constitution d'une culture vivante, d'un ensemble commun de valeurs, de pratiques sociales et de représentations propre à cette microsociété que constitue la classe. Il se construit, enfin, par l'acquisition de savoirs, de savoir-faire et d'attitudes, sans laquelle la liberté de pensée et d'action reste impossible, et par l'acquisition de compétences qui permet le passage progressif vers la vie sociale adulte, par la reconnaissance des adultes.

Permettre aux élèves de l'école élémentaire – dont il convient de ne pas oublier que ce sont aussi des enfants – ***« d'aller au devant du défi (d'apprendre), à la rencontre de la surprise (explorer), à la recherche de l'in-***

trigue (questionner) afin de précéder l'intelligence (comprendre)[1] », est une mission enthousiasmante pour l'enseignant. « *Ne pas décider à l'avance de la limite des capacités d'un enfant, ni de ses sources d'intérêt, ni de ses besoins, ne pas fixer* a priori *son cheminement, mais lui procurer l'environnement et les exercices nécessaires à ses expériences multiples et à son développement*[2] » est l'attitude de respect que l'enseignant doit à l'élève.

Il y a en effet deux manières de pratiquer l'élitisme. L'une, triviale, consiste à sélectionner les meilleurs en utilisant des critères préétablis par l'école. L'autre, plus insidieuse, consiste, sous prétexte de faire réussir tous les élèves, à sous-estimer leurs capacités et leurs potentialités en abaissant l'exigence des objectifs. **Viser le maximum pour chacun et non le minimum pour tous** doit être au cœur de l'éthique enseignante et d'une pédagogie de la réussite, qui ne peut s'obtenir qu'en donnant du pouvoir aux élèves. Mais cela ne consiste pas uniquement à leur donner la parole et à organiser des interactions comme le postulent trop souvent certaines interprétations d'un modèle socioconstructiviste des apprentissages non défini scientifiquement. L'enseignant doit aussi et d'abord être en relation étroite avec chaque enfant : **animer, relancer, parler, provoquer le mystère, l'énigme et l'émerveillement, motiver, introduire une dimension ludique, jouer le rôle de « passeur, de guide, d'éveilleur**[3] **»**. Tels sont les principes qui sous-tendent la réflexion et l'organisation didactiques proposées dans cet ouvrage concernant les apprentissages numériques au cycle 2.

---

1. F. Conne, *in L'Éducateur*, n° 9, 2006.
2. R. Cohen, *L'Apprentissage précoce de la lecture : à six ans, est-il déjà trop tard ?*, PUF, coll. « Pédagogie d'aujourd'hui », 1992.
3. M. Serres, *Le Tiers instruit*, Gallimard, coll. « Folio essais », n° 199, 1992.

PRÉSENTATION DE L'OUVRAGE

Inscrire son action dans le cadre des programmes nécessite de déterminer leurs objectifs et de les replacer dans une évolution historique.

L'ouvrage analyse les nouveaux programmes à la lumière du débat actuel sur l'enseignement du calcul et de la résolution de problèmes. La trame d'apprentissages proposée dans les deux premières parties s'inscrit dans les programmes de 2007 et fournit des éléments de réponses aux questions soulevées par le rapport de l'Inspection générale en date de juin 2006 et par l'avis de l'Académie des sciences (janvier 2007). Elle s'inscrit également dans le cadre de la circulaire du ministre de l'Éducation nationale (mars 2007) portant sur la mise en œuvre du socle commun de connaissances et de compétences pour l'enseignement du calcul.

Les pratiques pédagogiques sont toujours premières, mais elles resteraient aveugles sans éclairages théoriques. Une seule théorie serait totalisante pour rendre compte de la richesse des pratiques et pour proposer des stratégies d'apprentissage. Il faut donc éclairer les pratiques par des approches multiples. Les éclairages théoriques proposés dans la quatrième partie de l'ouvrage sont issus de l'analyse de très nombreuses pratiques mises en regard avec les résultats de recherches dans différents champs scientifiques : didactique des mathématiques, épistémologie des mathématiques, psychologie cognitive, théories des apprentissages, sémiotique, sciences de l'éducation et de la formation. Ils ont une double visée :
– permettre à l'enseignant de cycle 2 d'analyser ses propres pratiques dans le cadre des apprentissages numériques ;
– l'aider à les améliorer et à les adapter à la fois aux finalités que s'assignent la société au travers de l'école, mais aussi en fonction de sa personnalité et des conditions particulières dans lesquelles il exerce.

Ces éclairages théoriques ne peuvent prendre sens qu'à partir d'une mise en œuvre concrète de situations d'apprentissage. Les trois premières parties de ce livre proposent une trame de situations d'apprentissage (hiérarchisées et mises en cohérence), ainsi que des situations et des exercices complémentaires. En mettant en œuvre des situations qui s'en inspirent et en analysant les effets de son action, l'enseignant trouvera sans nul doute matière à amender, par son analyse personnelle, les éclairages fournis ici. C'est en tout cas le souhait des auteurs. Les repères chronologiques fournis ne le sont qu'à titre indicatif.

Concevoir et programmer des situations d'apprentissage de manière cohérente dans le cadre d'un même cycle est une contrainte de l'institution, mais aussi une nécessité pour un cursus réussi des élèves. Concernant les apprentissages numériques, la trame proposée pour le cycle fixe un cadre à partir duquel chaque équipe, chaque enseignant peut inventer, réinventer et réguler le scénario de la mise en œuvre des situations en fonction des conditions concrètes qui ne manquent pas de se modifier chaque année.

Les principes fondamentaux sur lesquels repose la trame d'apprentissage sont les suivants :

• L'accès aux objets mathématiques est sémiotique. Il nécessite l'appropriation et l'utilisation de registres de représentation sur lesquels portent les significations qui guident l'activité. Ces registres constituent le langage mathématique.
L'**appropriation de l'écrit mathématique (en compréhension et en production) est déterminante.** Les apprentissages se nourrissent de la relation entre langage écrit et langage oral.
Le système de numération décimale de position est organisé pour faciliter l'énumération des éléments de collections importantes, mais aussi pour les procédures de calcul.
L'écrit mathématique est déjà là. Au cycle 2, les apprentissages numériques s'appuient aussi bien sur la résolution de problèmes en relation avec les actions concrètes exercées sur des collections et sur la résolution de problèmes purement numériques que sur l'appropriation des règles de fonctionnement du système de numération et des écritures mathématiques comportant des symboles de nombres, de relations (<, >, =) et d'opérations. Les symboles spécifiques sont donc fournis et travaillés dès le début du cycle 2.

• **La maîtrise précoce de la résolution des problèmes additifs dans le cadre de petits nombres** (de 0 à 9) est nécessaire afin de ne pas cumuler deux difficultés : l'appropriation du sens des opérations et celui de la numération décimale.

• Dans notre système de numération, **le nombre 10 est central**. Le sens de l'addition et de la soustraction est déterminé par les relations numériques qui déterminent la cohérence des structures additives. L'appropriation des trios du nombre 10 est un des moments clés de la trame proposée. Si $6 + 4 = 10$, on a également $4 + 6 = 10$, $10 - 6 = 4$ et $10 - 4 = 6$.

• L'apprentissage du sens de la numération, et notamment la première appropriation de la signification des chiffres de l'écriture d'un nombre, s'effectue globalement sur des collections importantes (de 0 à 69, et non de 0 à 19). Il privilégie la mise en correspondance des diverses représentations du nombre.

• Dans le cadre du calcul sur des nombres supérieurs à 10, **les élèves sont d'abord confrontés à l'observation de faits numériques (déplacements sur le tableau des nombres de 0 à 99), avant de s'approprier des procédés de calcul réfléchi**.

• Les techniques opératoires ne sont abordées que lorsque les élèves maîtrisent suffisamment le calcul en ligne. L'emploi de la calculatrice n'occulte pas la pratique du calcul réfléchi.

• **La résolution de problèmes et la pratique du calcul réfléchi sont indissociables.** La résolution de problèmes est présente en permanence et le principe en œuvre est qu'il est préférable de faire résoudre de très nombreux petits problèmes portant sur des situations concrètes ou des situations purement numériques, plutôt qu'un ou deux problèmes plus complexes qui souvent ne sont pas compris par les élèves en difficulté.

• **L'innovation principale consiste à appeler *x* le nombre que l'on cherche dans un problème numérique.** La recherche d'un nombre *x* motive les élèves qui se transforment en enquêteurs. L'utilisation de la lettre *x* permet un apprentissage de la mathématisation des situations : les élèves apprennent à établir les liens entre une situation, une écriture mathématique (*x* désigne l'inconnu du problème), un ou des programmes opératoires et une ou des opérations.
L'introduction du *x* dans la trame d'apprentissage est le fruit d'une vingtaine d'années d'expérimentations dans de nombreuses classes, y compris en ZEP.
Les phrases mathématiques constituent des interfaces entre le monde mathématique et le monde des actions sur les collections qu'elles modélisent.

• L'exercice de la **mémoire sémantique à long terme** et de la **mémoire de travail** en interaction occupe une place importante dans la trame d'apprentissage. La nécessaire acquisition des automatismes se réalise au service du sens des concepts numériques, du calcul et de la résolution de problèmes.

Il s'agit donc d'articuler le sens des apprentissages et l'apprentissage du sens. Ce dernier est d'abord lié à la motivation des élèves. Développer une pédagogie de la surprise, créer et entretenir le désir de connaître et de découvrir, ainsi que l'envie de s'approprier le monde mathématique existant sont au cœur d'une pédagogie de la réussite.

Il s'agit ici de proposer une trame d'apprentissages s'inscrivant dans les objectifs des nouveaux programmes de l'école, fondée sur les dernières recherches en didactique des mathématiques, en psychologie cognitive et en sémiotique et, bien sûr, avant tout sur l'expérience pratique. L'élève acquiert les savoirs, les savoir-faire et les attitudes nécessaires à la maîtrise des compétences figurant dans les programmes au travers d'activités diversifiées : situations évoluant par la modification de variables didactiques, situations d'entraînement, de mémorisation et de réinvestissement, situations fonctionnelles qui se présentent dans la vie de la classe, jeux mathématiques associés, activités ritualisées, évaluations.

Ce livre se veut d'abord le témoignage d'une double expérience :
– celle d'un enseignant, formateur en IUFM, dont la pratique réflexive s'est constamment renouvelée grâce à l'analyse des faits au regard de multiples éclairages théoriques ;
– celle d'un formateur d'enseignants en didactique des mathématiques dont la réflexion centrale, éclairée par l'extrême richesse des pratiques enseignantes, porte depuis de nombreuses années sur l'apprentissage du sens et le sens des apprentissages.

Il est le résultat de la rencontre de deux enseignants qui croient indéfectiblement en la mission de l'école pour réduire les inégalités sociales, pour contribuer au développement personnel des individus ainsi qu'à la formation de futurs citoyens responsables, sans fermer prématurément les portes aux vocations dont l'institution doit favoriser la révélation. L'objectif n'est pas de fournir une progression préétablie à l'avance, mais bien une trame qui détermine le cadre d'un scénario qui reste à inventer par chaque enseignant, chaque année, en fonction des conditions concrètes qui se renouvellent sans cesse.

INSCRIRE SON ACTION DANS LE CADRE DES PROGRAMMES

Les textes de référence au cycle 2 (cycle des apprentissages fondamentaux)

Mathématiques [1]

Objectifs

« En proposant une étude structurée des nombres, des formes, des grandeurs et de leur mesure, le cycle 2 marque l'entrée véritable des élèves dans l'univers des mathématiques. La compréhension des nombres, notamment de leur écriture chiffrée (numération décimale), et le calcul mental sous toutes ses formes (résultats mémorisés, calcul réfléchi) constituent des objectifs prioritaires. La maîtrise des relations spatiales est confortée en même temps que sont précisées quelques propriétés géométriques qui permettent d'aller au-delà de la simple reconnaissance perceptive des objets. Le travail sur les grandeurs se trouve enrichi par la possibilité d'en exprimer la mesure à l'aide des nombres. La connaissance de la monnaie (en euros) est assurée par son utilisation dans les activités relatives à la numération et au calcul.

L'ensemble de ces apprentissages prend appui sur les expériences conduites à l'école maternelle et sur les acquis auxquels elles ont donné lieu. Élaborées comme réponses efficaces à des problèmes, les premières notions mathématiques sont identifiées, puis étudiées dans le but d'être utilisables pour résoudre de nouveaux problèmes.

Dès le cycle 2, les élèves doivent prendre conscience du fait que résoudre un problème ne revient pas à trouver, tout de suite, les calculs à effectuer pour répondre à la question posée. Une élaboration est, en général, nécessaire, faite d'étapes ou d'essais plus ou moins organisés. Un même problème, suivant le moment où on le propose, suivant les connaissances des élèves à qui on le destine et suivant la gestion qui en est faite, peut être résolu par élaboration de procédures personnelles ou, plus tard, par reconnaissance et utilisation d'une procédure experte appropriée. Dans certains cas, la résolution des problèmes est organisée par l'enseignant pour, à partir des solutions

1. Extraits des *Programmes de l'école primaire, BOEN* hors-série n° 5 du 12 avril 2007.

personnelles élaborées par les élèves, déboucher sur une nouvelle connaissance (notion ou procédure).

L'entraînement, nécessaire pour fixer certains savoir-faire essentiels et les rendre plus facilement disponibles, ne doit pas occulter la phase, parfois longue, au cours de laquelle les connaissances sont élaborées par les élèves, puis progressivement précisées et structurées. Afin d'éviter les difficultés rencontrées par les élèves du cycle 2 pour se représenter des situations décrites dans un texte, les questions peuvent être posées dans le cadre de jeux ou d'expériences effectivement réalisés avec des objets. Les exercices sur fiches ne doivent pas se substituer à ce travail primordial avec du matériel. Il convient cependant de garder à l'esprit que ce n'est pas la manipulation elle-même qui constitue l'activité mathématique, mais les questions qu'elle suggère et l'activité intellectuelle que doivent développer les élèves pour y répondre lorsque le matériel n'est plus disponible. Dans cet esprit, on privilégie les problèmes où les élèves sont placés en situation d'anticiper une réponse qu'ils pourront ensuite vérifier expérimentalement.

Les capacités à chercher, abstraire, raisonner et expliquer se développent aussi bien dans les moments de travail individuel ou en petits groupes que dans les phases d'échange et de confrontation qui permettent de mettre en valeur la diversité des méthodes utilisées pour résoudre un même problème.

Le travail de recherche sur des situations réelles et la réflexion collective à laquelle il donne lieu imposent un usage privilégié de la langue orale. Au cycle 2, l'usage des mots précède celui des symboles mathématiques : ils sont à la fois plus proches du langage des élèves et plus à même d'exprimer le sens des notions. La mise en place nécessaire d'un langage élaboré et du symbolisme conventionnel, spécifique aux mathématiques, doit être réalisée avec prudence, à mesure qu'elle prend sens pour les élèves dont elle ne doit pas freiner l'expression spontanée. L'appui sur l'écriture est évidemment indispensable, en particulier dans les phases de recherche. Au cycle 2, les écrits de recherche servent également souvent de support aux échanges collectifs au cours desquels les élèves trouvent une occasion de s'initier à l'argumentation et à ses exigences (écoute des autres, contrôle par autrui de ce qui est avancé, recours à une expérience pour trancher entre deux propositions...). En fin de cycle, la rédaction de textes plus élaborés rendant compte de la démarche de résolution fait l'objet d'un travail collectif.
L'évaluation des progrès des élèves et de leurs difficultés ne se limite pas aux bilans réalisés au terme d'une période d'apprentissage. Outil de régulation du processus d'enseignement, elle est, au contraire, intégrée aux dispositifs d'enseignement, à travers la prise d'indices sur les productions des élèves et l'analyse de leurs erreurs.

Des documents d'accompagnement précisent et développent, pour chaque contenu, les compétences élaborées au cours du cycle, apportent un éclairage sur les modalités d'apprentissage et donnent des pistes d'activités pédagogiques. Ils constituent un complément indispensable pour la mise en œuvre du présent programme.

Attitudes attendues dans le cadre de l'acquisition du socle commun
À travers la pratique des mathématiques, au cycle 2, l'élève est amené à développer particulièrement les attitudes suivantes :
– la rigueur et la précision dans les tracés, dans les mesures, dans les calculs ;
– le goût du raisonnement ;

– le réflexe de contrôler la vraisemblance des résultats ;
– la volonté de justesse dans l'expression écrite et orale ;
– l'ouverture à la communication, au dialogue, au débat ;
– l'envie de prendre des initiatives, d'anticiper ;
– la curiosité et la créativité ;
– la motivation et la détermination dans la réalisation d'objectifs.

Programme

1. Exploitation des données numériques

Au cycle 2, les élèves acquièrent le sens des nombres et des opérations à travers la résolution de quelques grandes catégories de problèmes :
– exprimer et garder en mémoire une quantité, une position dans une liste rangée, le résultat d'un mesurage ;
– comparer des quantités ou des grandeurs, notamment lorsque les collections ou les objets sont matériellement éloignés l'un de l'autre ;
– prévoir quel sera le résultat d'actions sur des quantités, des positions ou des grandeurs (augmentation, diminution, réunion, partage, déplacement...).
Ces problèmes peuvent porter sur des quantités d'objets, sur des positions, puis sur des longueurs ou des masses. Ils peuvent être résolus par l'élaboration de procédures personnelles, et, pour certains d'entre eux (précisés dans la liste des compétences devant être acquises en fin de cycle), par le recours à des procédures expertes.

Les procédures personnelles que les élèves peuvent utiliser pour résoudre un problème sont extrêmement variées : elles peuvent s'appuyer sur un dessin ou sur un schéma imaginé par l'élève, utiliser le dénombrement, le comptage en avant ou en arrière, des essais additifs, soustractifs ou multiplicatifs... L'utilisation du calcul réfléchi (mental ou aidé d'un écrit) est ici privilégiée. Dans certains problèmes, l'utilisation de calculatrices permet aux élèves d'avoir recours à des calculs qu'ils ne pourraient pas mener à bien sans cela.

Au cours du cycle, les élèves recourent de plus en plus fréquemment à des procédures expertes pour résoudre certains problèmes. La reconnaissance des opérations appropriées (addition, soustraction, multiplication) devient alors plus rapide. Auparavant, la plupart de ces problèmes ont été résolus par des procédures personnelles, avant même que les écritures du type $a + b$, $a - b$ et $a \times b$ n'aient été introduites. Au cours de cette première étape, le langage oral et les termes du langage courant ("et", "fois"...) sont largement utilisés pour décrire les calculs effectués.
Concernant l'addition et la soustraction, il est souhaitable que les écritures $a + b$ et $a - b$ soient, dès le départ, travaillées simultanément pour éviter que l'écriture $a + b$ ne soit utilisée de façon automatique, car étant la seule disponible.

Connaissances, capacités et attitudes travaillées et attendues en fin de cycle 2[1]

En mathématiques, les connaissances sont la plupart du temps opérationnelles et ne prennent tout leur sens qu'à l'occasion de leur mise en œuvre.

1. Le texte en caractère droit indique des connaissances ou des capacités retenues pour le palier 1 du cycle commun de connaissances et de compétences : elles constituent le cœur du programme. *Le texte en italique indique des connaissances ou des capacités dont la maîtrise n'est pas retenue pour ce palier : elles constituent toutefois des objectifs du programme pour tous les élèves, et le plus souvent préparent le palier suivant du socle (ici, la fin du cycle 3).*

Pour autant, elles peuvent nécessiter un apprentissage particulier [...].

Connaissances
1.1 Problèmes résolus en utilisant une procédure experte
Les connaissances utiles pour ce chapitre sont notamment celles concernant les nombres et les opérations décrites ci-dessous.
Capacités
• Utiliser le dénombrement pour comparer deux quantités ou pour réaliser une quantité égale à une quantité donnée.
• Utiliser les nombres pour exprimer la position d'un objet dans une liste ou pour comparer des positions.
• Déterminer, par addition ou soustraction, le résultat d'une augmentation, d'une diminution ou de la réunion de deux quantités.
• Déterminer, par addition ou soustraction, la position atteinte sur une ligne graduée à la suite d'un déplacement en avant ou en arrière.
• Déterminer, par multiplication, le résultat de la réunion de plusieurs quantités ou valeurs identiques.

Connaissances
1.2 Problèmes résolus en utilisant une procédure personnelle
Capacités
• Dans des situations où une quantité (ou une valeur) subit une augmentation ou une diminution, déterminer la quantité (ou la valeur) initiale, ou trouver la valeur de l'augmentation ou de la diminution.
• Déterminer une position initiale sur une ligne graduée, avant la réalisation d'un déplacement (en avant ou en arrière) pour atteindre une position donnée ou déterminer la valeur du déplacement.
• Dans des situations où deux quantités (ou valeurs) sont réunies, déterminer l'une des quantités (ou l'une des valeurs).
• Dans des situations où deux quantités (ou deux valeurs) sont comparées, déterminer l'une des quantités (ou l'une des valeurs) ou le résultat de la comparaison.
• *Dans des situations de partage ou de distribution équitables, déterminer le nombre total d'objets, le montant de chaque part ou le nombre de parts.*
• Dans des situations où des objets sont organisés en rangées régulières, déterminer le nombre total d'objets, *le nombre d'objets par rangées ou le nombre de rangées.*
• Dans des situations où plusieurs quantités (ou valeurs) identiques sont réunies, déterminer la quantité (ou la valeur) totale, *l'une des quantités (ou des valeurs) ou le nombre de quantités (ou de valeurs).*

2. Connaissance des nombres entiers naturels
Avant d'arriver au cycle 2, les élèves ont déjà acquis certaines compétences dans l'utilisation des nombres. Celles-ci doivent être prises en compte et stabilisées : maîtrise de la comptine orale, utilisation du dénombrement, mise en relation des nombres dits et de leur écriture chiffrée.

Sur la base des acquis de l'école maternelle, dès le début du cycle 2, les activités peuvent se situer dans un domaine numérique relativement étendu (jusqu'à vingt ou trente), sans que cela nécessite une maîtrise complète des écritures chiffrées. Dans une première étape, les élèves prennent conscience du fait que les nombres permettent de résoudre certains problèmes (voir rubrique précédente). Puis progressivement, ils construisent leurs premières connaissances relatives à la numération décimale dont une bonne maîtrise est décisive pour l'apprentissage du calcul. La capacité à connaître la valeur d'un chiffre en fonction de sa position dans l'écriture d'un nombre constitue un objectif essentiel. Le vocabulaire (dizaine, centaine) est toujours explicité par des expressions du type "paquet de dix, paquet de cent", plus accessibles aux élèves.

Une première structuration du domaine numérique doit être construite au cycle 2. D'une part, les élèves construisent leurs premières connaissances sur la comparaison des nombres, en appui à la fois sur leur aspect cardinal (4 c'est moins que 7) et sur leur aspect ordinal (4 est situé avant 7 dans la suite des nombres). D'autre part, ils élaborent les premières relations additives et multiplicatives entre des nombres d'usage courant, au travers des activités de calcul mental.
Le recours à la monnaie (en euros) comme support d'activités, notamment pour la pratique d'échanges, favorise à la fois un travail sur la compréhension de la numération et la connaissance des pièces et billets en usage.

Les connaissances sur les entiers naturels (inférieurs à 1 000) concernent :
– le dénombrement des éléments d'une collection, en particulier par recours à des groupements ou des échanges par dizaines ou par centaines ;
– la numération décimale : valeur des chiffres en fonction de leur position, suite des nombres ;
– la mise en relation des désignations écrites (en chiffres et en lettres) et parlées des nombres ;
– l'ordre sur les nombres : comparaison, rangement ;
– les relations arithmétiques entre les nombres : doubles et moitiés de nombres d'usage courant.

Connaissances et capacités travaillées et attendues en fin de cycle 2[1]
Connaissances
2.1 Désignations orales et écrites des nombres entiers naturels (inférieurs à 1 000)
• Connaître et savoir interpréter la valeur des chiffres en fonction de leur position dans l'écriture décimale d'un nombre.
• Associer les désignations chiffrées et orales des nombres.
Capacités
• Dénombrer et réaliser des quantités en utilisant le comptage un à un ou des groupements et des échanges par dizaines et centaines.
• Produire des suites orales et écrites de nombres de 1 en 1, de 10 en 10, de 100 en 100 (en avant et en arrière, à partir de n'importe quel nombre), en particulier citer le nombre qui suit ou qui précède un nombre donné.

Connaissances
2.2 Ordre sur les nombres entiers naturels
Capacités
• Comparer, ranger, encadrer des nombres (en particulier entre deux dizaines consécutives ou entre deux centaines consécutives).
• Situer des nombres (ou repérer une position par un nombre) sur une ligne graduée de 1 en 1, de 10 en 10.
• *Situer des nombres (ou repérer une position par un nombre) sur une ligne graduée de 100 en 100.*

1. *Ibid.*, p. 13.

Connaissances
2.3 Relations arithmétiques entre les nombres entiers naturels
• Connaître les doubles et les moitiés de nombres d'usage courant : doubles des nombres inférieurs à 10, des dizaines entières inférieures à 100, moitié de 2, 4, 6, 8, 10, 20, 40, 60, 80.
• Connaître et savoir utiliser les relations entre nombres d'usage courant : entre 5 et 10 ; entre 25 et 50 ; entre 50 et 100 ; entre 15 et 30 ; entre 30 et 60 ; entre 12 et 24.

3. Calcul
L'entraînement au calcul mental doit être quotidien dès le CP et se prolonger tout au long de l'école élémentaire. C'est au cycle 2 que les élèves élaborent les bases du calcul mental, en particulier dans le domaine additif. Il s'appuie sur la connaissance progressive de la table d'addition puis de la table de multiplication. Les compétences correspondantes doivent donc être développées en priorité, notamment à travers le calcul réfléchi. L'appropriation progressive de résultats mémorisés et l'élaboration de procédures s'appuient souvent en ce domaine sur les caractéristiques des désignations orales des nombres, ce qui implique qu'on ne s'en tienne pas aux seuls exercices écrits. Les procédures utilisées doivent être explicitées et faire l'objet d'échanges entre les élèves. C'est l'occasion d'insister sur la diversité des procédures utilisables pour traiter un même calcul. Les maîtres alternent les moments d'entraînement et ceux qui permettent de concevoir des méthodes et de comparer leur efficacité. Les premiers permettent aux maîtres et aux élèves eux-mêmes de contrôler les acquisitions et de renforcer les acquis. Ils sont brefs et peuvent se pratiquer selon le procédé La Martinière.

La mémorisation ou la reconstruction très rapide des résultats des tables d'addition (de 1 à 9) et leur utilisation pour fournir des compléments et des différences nécessitent un long apprentissage qui n'est d'ailleurs pas toujours terminé à la fin du cycle 2. La mise en place de "points d'appui" constitue un objectif important : utilisation des doubles, de la commutativité de l'addition ("3 + 8 c'est comme 8 + 3"), des compléments à 10... Des compétences bien assurées dans ce domaine constituent un atout essentiel, aussi bien pour une bonne structuration du domaine numérique que pour libérer la réflexion de l'élève lors des résolutions de problèmes.

L'enseignement du calcul posé doit se faire selon une gradation en complexité entre maternelle et fin d'école primaire. Dès le cycle 2, les élèves commencent à apprendre les techniques opératoires de l'addition, de la soustraction et de la multiplication. Dans un premier temps, ceux-ci peuvent être traités par des procédures de calcul réfléchi, élaborées par les élèves qui utilisent leurs connaissances en numération et en calcul mental. Les techniques opératoires de l'addition et de la soustraction doivent être acquises à la fin du cycle 2. Celle de la multiplication doit aussi être connue pour des petits nombres. Seule la multiplication d'un entier par 2 et 5 est exigible en fin de cycle 2. Dès ce niveau, la division de deux nombres entiers simples peut être introduite à partir de situations concrètes en liaison avec l'apprentissage de la multiplication.
Le contexte de la monnaie est favorable à l'entraînement du calcul sur des nombres comme 1, 2, 5, 10, 20, 50 et 100.

Pour certaines activités, les calculatrices sont également mises à disposition des élèves. Elles sont utilisées comme moyen de calcul, en particulier dans le cadre de la résolution de problèmes, par exemple lorsque l'élève a déterminé les calculs nécessaires, mais n'est pas capable de les exécuter assez rapidement et avec une bonne fiabilité, et qu'il risque donc de perdre le fil de sa réflexion.

Les connaissances dans le domaine du calcul concernent :
– les tables d'addition : construction, utilisation, mémorisation ;
– les compléments à la dizaine immédiatement supérieure ;
– les tables de multiplication : construction, utilisation, début de mémorisation ; multiplication par dix ;
– les techniques opératoires de l'addition et de la soustraction ;
– la technique opératoire de la multiplication, appliquée à des cas très simples ;
– le calcul réfléchi : organisation et traitement de calculs additifs, soustractifs et multiplicatifs, mentalement ou avec l'aide de l'écrit ;
– l'utilisation raisonnée des calculatrices.

Connaissances et capacités devant être acquises en fin de cycle 2[1]
Connaissances
3.1 Calcul mental
• Connaître ou reconstruire très rapidement les résultats des tables d'addition (de 1 à 9).
• Connaître et savoir utiliser les tables de multiplication par deux et cinq, savoir multiplier par dix.
Capacités
• Utiliser les tables d'addition pour calculer une somme, une différence, un complément, ou décomposer un nombre sous forme de somme.
• Trouver rapidement le complément d'un nombre à la dizaine immédiatement supérieure.
• Résoudre mentalement des problèmes à données numériques simples.

Connaissances
3.2 Calcul en ligne ou posé
Capacités
• Calculer des sommes en ligne ou par addition posée en colonne.
• Calculer des différences en ligne *ou par soustraction posée en colonne.*
• Calculer, en posant une multiplication, des produits par 2 ou par 5.
• Organiser et traiter des calculs additifs, soustractifs et multiplicatifs sur les nombres entiers.

Connaissances
3.3 Calcul instrumenté
Capacités
• Utiliser à bon escient une calculatrice (en particulier pour vérifier un calcul mené à la main, ou pour effecteur des calculs lourds ou longs nécessités par une résolution de problème). »

1. *Ibid.*, p. 13.

Mise en œuvre du socle commun de connaissances et de compétences : l'enseignement du calcul[1]

« Le décret du 11 juillet 2006, relatif au socle commun de connaissances et de compétences, fait de l'enseignement des éléments de mathématiques un enseignement fondamental et associé à la culture scientifique et technologique, comme l'avait souhaité le Haut Conseil de l'éducation. Le texte précise : "La maîtrise des principaux éléments de mathématiques s'acquiert et s'exerce essentiellement par la résolution de problèmes, notamment à partir de situations proches de la réalité". Cependant, les évaluations à l'entrée de la classe de Sixième montrent que les performances des élèves sont insuffisantes en calcul. Or l'activité mathématique n'acquiert tout son sens que si elle peut s'appuyer sur une connaissance solide et un savoir-faire assuré des différentes formes de calcul.

L'objet de la présente circulaire est de rappeler la place prépondérante du calcul dans l'apprentissage des mathématiques et de préciser les orientations pédagogiques qui découlent de cette exigence. Un arrêté modificatif du programme de l'école explicitant les objectifs attendus par cycle, définissant une progression en mettant en correspondance le texte actuellement en vigueur avec le socle commun de connaissances et de compétences, entrera en application à la rentrée scolaire 2007-2008.

1. Les objectifs de l'enseignement du calcul

L'enseignement du calcul doit viser à donner aux élèves des outils qui leur permettent de mieux appréhender le monde, de résoudre des problèmes de la vie quotidienne et d'entrer dans l'univers des mathématiques. Il doit placer les élèves dans des situations qui appellent la mobilisation des connaissances, leur entraînement et leur consolidation, leur mise en œuvre dans des situations nouvelles. L'enseignement du calcul doit associer étroitement la construction du sens des opérations et l'acquisition des diverses techniques opératoires qui se confortent et se renforcent l'une l'autre. Ce travail commencé à l'école se poursuivra au collège.

2. Les fondements de l'apprentissage mathématique sont posés dès l'école maternelle

Très tôt, l'enfant manifeste des compétences relatives aux quantités et à leur expression par des nombres. L'acquisition de la suite orale des nombres commence dès la Petite Section de la maternelle et se poursuit en Moyenne et Grande Sections. L'apprentissage de la comptine numérique et la mise en place de la capacité à dénombrer doivent faire l'objet d'une attention particulière.

Des activités sont proposées aux enfants pour faire trouver le nombre d'objets que contiendra une collection après un ajout ou un retrait. Des problèmes simples peuvent aussi les conduire à déterminer combien d'objets il faut ajouter ou retirer à une collection pour obtenir un nombre donné. Les situations de partage équitable ou de distribution sont aussi l'occasion d'une approche implicite du sens de la division.

3. À l'école élémentaire : calcul mental, calcul posé, calcul instrumenté

L'enseignement du calcul à l'école élémentaire doit prendre en compte les trois formes usuelles que sont le calcul mental, le calcul posé et le calcul instrumenté. L'apprentissage du calcul est aussi inséparable de la résolution de problèmes qui offre le moyen d'assurer l'appropriation du sens des opérations.

1. Circulaire n° 2007-051 du 2 mars 2007, *BOEN* n° 10 du 8 mars 2007.

Le calcul mental doit faire l'objet d'une pratique quotidienne d'au moins 15 minutes

L'entraînement au calcul mental doit être quotidien dès le CP et se prolonger tout au long de l'école élémentaire. Il s'appuie sur la connaissance parfaite de la table d'addition puis de la table de multiplication. Les maîtres alternent les moments d'entraînement et ceux qui permettent de concevoir des méthodes et de comparer leur efficacité. Les premiers permettent au maître et aux élèves eux-mêmes de contrôler les acquisitions et de renforcer les acquis. Ils sont brefs et peuvent se pratiquer selon le procédé La Martinière. Les seconds sont plus longs : le maître prend le temps de comparer avec les élèves diverses méthodes, de voir lesquelles sont les plus efficaces et de les analyser en vue de leur systématisation. Le calcul mental est l'occasion d'utiliser des propriétés sur les opérations : pour calculer 4×26, on peut choisir d'effectuer $4 \times 25 + 4 \times 1$, ou aussi $26 \times 2 \times 2$, ou encore $4 \times 20 + 4 \times 6$.

Trois objectifs dans l'enseignement du calcul mental, prolongés au collège, sont ainsi mis en évidence : l'automatisation des calculs simples, la mise en place de méthodes pour les calculs plus complexes d'une part et pour le calcul approché d'autre part.

Cet enseignement prend appui sur l'intérêt et le plaisir des élèves à apprendre et à constater leurs progrès.

Le calcul posé

La maîtrise d'une technique opératoire pour chacune des opérations est indispensable. Le travail de construction et d'appropriation de ces techniques fait appel à de nombreuses propriétés du système d'écriture des nombres (numération décimale de position). L'apprentissage doit être conduit avec le souci qu'en soit assurée la compréhension. L'objectif d'automatisation des procédures repose sur une pratique progressive, régulière et bien comprise du calcul. Dans tous les cas, les élèves doivent être entraînés à utiliser des moyens de contrôle des résultats de leurs calculs.

Comme l'a rappelé l'Académie des sciences, l'enseignement du calcul doit se faire selon une gradation en complexité entre maternelle et fin d'école primaire. Ainsi, au cycle 2, les élèves apprennent à effectuer des additions, des soustractions, des multiplications sur des petits nombres ; dès ce niveau, la division de deux nombres entiers simples est introduite à partir de situations concrètes en liaison avec l'apprentissage de la multiplication. La maîtrise des techniques opératoires des quatre opérations – addition et soustraction de nombres entiers et décimaux, multiplication de deux nombres entiers ou d'un nombre décimal par un nombre entier, division euclidienne de deux entiers – est un objectif important du cycle 3. À ce niveau, une première approche de la division décimale peut être faite en introduisant le quotient décimal d'un nombre entier par 2, 4 et 5.

La place du calcul instrumenté : la calculatrice doit faire l'objet d'une utilisation raisonnée

Le calcul instrumenté est largement répandu dans la vie courante. Chacun, quelle que soit son activité sociale ou professionnelle, peut avoir recours à l'usage d'une calculatrice. Il est donc essentiel que l'école soit en prise avec cette réalité de notre temps. L'enseignement du calcul doit donc faire une place à l'usage des calculatrices. Chaque élève doit disposer d'un tel outil et c'est à l'enseignant de choisir, en fonction de la progression adoptée et de la complexité des calculs, les situations pour lesquelles l'élève peut y avoir recours. La calculatrice sera notamment utilisée pour des grands nombres, pour des séries de calcul, pour des vérifications. Il est néanmoins très important de montrer aux élèves que si le recours à la calculatrice peut se révéler nécessaire pour certains calculs complexes, il est d'autres situations dans lesquelles le calcul mental s'avère plus rapide et plus efficace. On veillera à la vérification des résultats obtenus et on montrera à l'élève qu'il doit y être très attentif, par exemple en calculant mentalement un ordre de grandeur.

4. La liaison avec les autres disciplines et les situations-problèmes

La pratique du calcul ne s'effectue pas seulement pendant les temps de mathématiques. Toute occasion doit être saisie pour mettre en œuvre ce qui a été appris et le consolider. Les situations de la vie courante, de la vie de la classe sont privilégiées. Les élèves sont, par exemple, invités à calculer pour résoudre des problèmes liés à la vie de l'école : une sortie scolaire (distances à parcourir selon les itinéraires, dépenses à prévoir, recettes à trouver), une fête et les dépenses qu'elle engage, les besoins de la classe (acquisitions de livres, de cahiers, etc.), des travaux d'aménagement qui appellent des calculs d'aires, de périmètres, des représentations, etc.

Les diverses disciplines offrent également de multiples occasions de calculer. En sciences expérimentales, les activités appellent des relevés et des calculs sur les nombres ; elles fournissent aussi aux élèves des occasions d'anticiper des résultats et donc d'éprouver la prise sur le monde que lui confère le calcul. En histoire ou en géographie, les calculs de durées, les travaux sur cartes et sur plans offrent des situations intéressantes, notamment pour l'étude de la proportionnalité.

La pratique de jeux mathématiques et de jeux qui sollicitent et stimulent le raisonnement logique, comme les échecs – sans que ces approches par le jeu n'empiètent sur le temps incompressible dévolu au calcul – contribue aussi à la formation mathématique des élèves et doit donc être encouragée.

Des situations-problèmes nécessitant un tri de données, l'organisation réfléchie des calculs, une présentation cohérente sont proposées régulièrement. Elles permettent de placer les élèves dans des situations de recherche et les conduisent à expliciter et à justifier les solutions qu'ils proposent. L'attention portée aux démarches et aux erreurs éventuelles est essentielle.

5. Les expérimentations pédagogiques

La nécessaire progressivité qui conduit d'une pratique simultanée de la numération et des quatre opérations à la maîtrise des techniques opératoires et de leur sens à la sortie de l'école primaire appelle la comparaison et la confrontation des différents choix pédagogiques effectués par les maîtres, en fonction de leur expérience, de la réalité des écoles et des classes dont ils ont la charge. Afin de simuler et de valoriser les bonnes pratiques, tant pour ce qui concerne le calcul mental, le calcul posé que le calcul instrumenté, au cycle 2 et au cycle 3, des expérimentations conçues dans le cadre de l'article L. 401-1 du code de l'éducation pourront être mises en place. »

Le ministre de l'Éducation nationale, de l'enseignement supérieur et de la recherche.

Première partie

PROGRESSION DE CYCLE : TRAME ET SITUATIONS D'APPRENTISSAGE AU CP

Progression sommaire des activités numériques au CP

Période 1 : de la rentrée à mi-septembre

• Les nombres de 0 à 9 : reconnaissance, comparaison, rangement.
• Révision, utilisation des signes +, =, –, <, >.
• Apport et appropriation de la lettre x comme nombre inconnu dans des phrases mathématiques comportant les signes +, =, –, <, >.

Période 2 : de mi-septembre à mi-octobre

• Somme inférieure à 10 de deux nombres, différence de deux nombres inférieurs à 10 : avancer et reculer sur la bande numérique.

Période 3 : de mi-octobre à la Toussaint

• Le nombre 10 et ses décompositions.

Période 4 : de la Toussaint à Noël

• La numération de position (grouper par dix et échanger).
• Les nombres de 10 à 20.

Période 5 : janvier et février

• Se déplacer (+ 10, – 10, + 1, – 1) dans le tableau des nombres de 0 à 99.

Période 6 : de février à Pâques

• Somme de plusieurs nombres.

Période 7 : de Pâques à juin

• Les nombres de 60 à 99 (les dire, les écrire, les décomposer, les ranger).
• Se déplacer dans le tableau des nombres de 0 à 99.
• L'addition à retenue.
• Dépasser 100.

Matériel utilisé pour les activités numériques

Pour chaque élève :

– une bande numérique de 1 à 20 avec un curseur ;
– des carrés unités (format : 1 cm × 1 cm), des bandes dizaines (format : 10 cm × 1 cm) et des plaques centaines (format : 10 cm × 10 cm) ;
– un tableau des nombres de 1 à 99.

Pour la classe :

– une bande numérique de 1 à 22 avec un curseur (format 1,5 cm × 12 cm) ;
– une bande numérique de 1 à 100 affichée au-dessus du tableau ;
– des dés traditionnels à points ;
– des dés avec des faces en ardoise sur lesquelles on peut noter à la craie des chiffres ou des constellations ;
– un tableau aimanté des nombres de 1 à 100 ;
– les trios du nombre 10 (plastifiés) :

10	
9	1

10	
8	2

10	
7	3

10	
6	4

10	
5	5

Remarque

Chaque séance de mathématiques commence systématiquement par un moment de « gymnastique » avec les nombres. Ce moment a un objectif différent chaque jour afin de préserver son aspect ludique. Il prend différentes formes selon l'objectif du jour : oral, procédé La Martinière (PLM), écrit, par deux, individuel...
Ce moment peut prendre le nom de « voyage au pays des nombres ».

CP : période 1

1

• Les nombres de 0 à 9 : reconnaissance, comparaison, rangement.
• Révision, utilisation des signes +, =, –, <, >.
• Apport et appropriation de la lettre *x* comme nombre inconnu dans des phrases mathématiques comportant les signes +, =, –, <, >.

Comparaison de collections

Objectifs

• Savoir comparer deux collections par la mise en œuvre de différentes procédures.
• Stabiliser l'appropriation des relations « plus que », « moins que », « autant que ».

Remarque
Afin de consolider la notion d'équivalence entre deux collections, on utilisera de préférence le mot « pareil » plutôt que le mot « autant que » qui pose un problème de compréhension aux élèves.

Il s'agit de proposer aux élèves des situations qui évoluent selon plusieurs variables didactiques afin d'aborder différentes procédures de comparaison.

Comparaison directe par perception instantanée

Situation : en groupe-classe

Le maître montre sur des cartons des constellations et les élèves doivent nommer le plus rapidement possible celle qui a le plus, ou le moins, de points. Au début, l'enseignant choisit des constellations avec deux nombres de points éloignés pour que l'objectif premier soit la réactivation du vocabulaire « Il y en a plus », « Il y en a moins ».
Puis des constellations de type dés de 1 à 6, des cartes à jouer de 1 à 10 et des constellations du type :

Ensuite, l'enseignant choisit deux nombres de points (entre 10 et 30), avec des constellations lisibles pour les associer aux nombres de 1 à 10 et pouvoir comparer.
Exemple : 10 + 10 + 6 et 8 + 6 + 5.
Enfin, des constellations de points de 10 à 30 non agencées pour amener les élèves à trouver une nouvelle procédure.

Situation : par groupe

Un meneur de jeu joue le rôle que tenait le maître.

Situation : par deux avec le jeu de la bataille de collections

Par groupe de deux, les élèves distribuent les cartes constellations et jouent à la bataille : celui dont la constellation comporte le plus de points remporte les deux cartes.

Comparaison terme à terme

Situation : individuel et groupe-classe

Le maître distribue à chaque élève un semis de points séparés en deux sous-ensembles par une ligne continue. Ce semis doit comporter plus de 50 points et les deux sous-ensembles doivent être assez proches.
L'enseignant pose ensuite la question : *« Où y a-t-il le plus de points ? »*
Les réponses attendues comportent une comparaison par groupement de 2, 3, 4, 5, voire 10 points (procédure de comparaison paquet par paquet). Cette procédure est alors explicitée par ses utilisateurs au reste de la classe : formulation et validation.

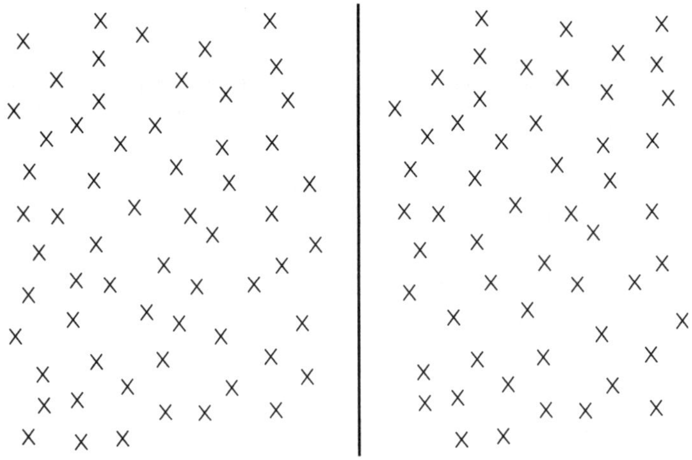

Comparaison paquet par paquet (groupements de 3 ou 4 points)

Situation

Après validation de la procédure de comparaison paquet par paquet mise en évidence dans la situation précédente, il s'agit de faire utiliser cette procédure par toute la classe sur de nouveaux semis de points.
L'enseignant pourra pour cela ajouter la consigne : *« Mettez les points dans des paniers de 3, puis comparez les deux collections. »*

Comparaison par dénombrement sur les petites collections

Il s'agit cette fois de rendre nécessaire le dénombrement des collections pour comparer.

Situation 1

Les deux semis de points (inférieurs à 10 points) sont communs à toute la classe et distants l'un de l'autre de plusieurs mètres. Chaque élève a à sa disposition une feuille et un crayon ou une ardoise et doit comparer les collections en se déplaçant.

Situation 2

L'enseignant dispose des stylos sans capuchon sur une table. Un élève joue le rôle de la marchande de capuchons. Les élèves doivent amener le nombre de capuchons nécessaires en un seul voyage en écrivant la quantité de capuchons qu'il faut demander à la marchande.
Dans ce cas, les élèves doivent réaliser une collection ayant le même nombre d'éléments par dénombrement.

Pour comparer les deux nombres, les élèves utilisent le savoir suivant : un nombre qui vient après sur la bande numérique est plus grand

Mémorisation des nombres et de leur écriture

En parallèle, le maître proposera des situations concernant la mémorisation des nombres de 1 à 9 et de leur écriture.

Situations

- Dictée de nombres.
- Avancer, reculer sur la bande numérique de 1 à 10 en récitant la comptine en avançant et à rebours.
- Systématisation de l'écriture $a + b = c$ avec $c \leq 10$.
- Associer une somme à un domino (4 + 2 = : : :) et un domino à une somme.
- Jeux de bataille à deux dés. Le maître fournit aux élèves des dés sur lesquels il a préalablement écrit les nombres de 0 à 5 (le dé aura donc une face 0, une face 1, une face 2, une face 3, une face 4 et une face 5). Par exemple, par groupe de deux, chaque enfant lance les deux dés, note l'opération qui représente l'addition des deux nombres et calcule le résultat grâce à la bande numérique. Il marque un point si le résultat de l'opération de l'autre élève est inférieur.
- Associer un nombre à un ensemble contenant des objets.
- Dessiner autant d'objets que l'étiquette de l'ensemble le mentionne.

Introduction et appropriation des signes < et >

Il s'agit de reprendre des situations de comparaison de collections mais avec la contrainte du codage écrit : *« Cette collection a 8 éléments, celle-ci en a 5. 8 est plus grand que 5. 5 est plus petit que 8. »*

Situation : en groupe-classe

Au tableau, le maître écrit :

5 3 2 0 4 et $0 < 2 < 3 < 4 < 5$
1 6 3 4 0 et $6 > 4 > 3 > 1 > 0$

Puis il demande aux élèves : *« Qu'ai-je fait ? Pourquoi ? »*
Les élèves sont invités à trouver la règle mise en œuvre et le sens des signes utilisés : débat, hypothèses, vérifications...

Ensuite, les signes < et > sont donnés aux élèves. L'enseignant explique à la classe que ces signes ont été inventés il y a longtemps et que tout le monde les comprend.
On utilisera les représentations traditionnelles, l'écriture des nombres de 1 à 10 en escalier pour consolider la mémorisation des deux signes.

Les signes < et >, ainsi que les signes +, – et =, seront utilisés quotidiennement lors du moment de « voyage au pays des nombres », c'est-à-dire le moment de calcul rapide, mental ou écrit, réfléchi ou non.

On travaillera aussi très tôt l'écriture 3 + 1 = 4, mais aussi 4 = 3 + 1 pour éviter une « fossilisation » de l'écriture additive $a + b = c$.

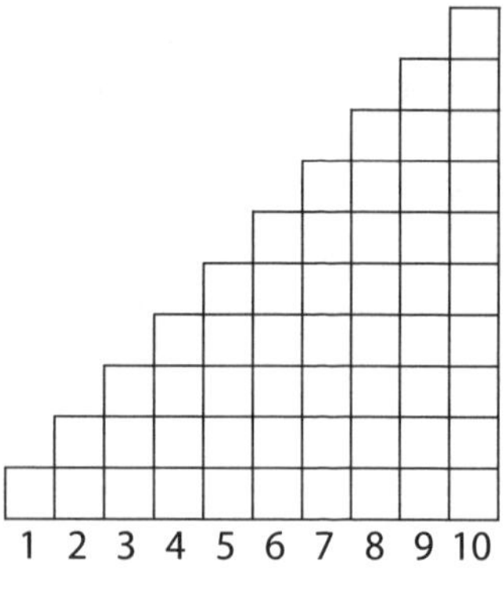

Exemple :
Le maître écrit au tableau les symboles : +, 2, 3, 5 et =.
Il donne pour consigne : *« Écris une phrase mathématique qui soit juste. »*

Remarque
Une phrase mathématique comporte obligatoirement le signe = ou le signe ≠ ou l'un des signes < ou >, c'est-à-dire un symbole de mise en relation (équivalence, non-équivalence, ordre). Ainsi, 3 + 4 n'est pas une phrase mathématique.
Le maître fera la distinction entre une écriture possible mais fausse et une écriture impossible :
- « 3 + 5 = 7 » est une écriture possible, mais fausse ;
- « 4 + = 7 » est une écriture impossible ;
- « 7 = 3 + 4 » est une écriture possible et exacte.

Apport et appropriation de la lettre *x* comme nombre inconnu

Lorsque les enfants manipulent bien les signes +, =, < et >, les nombres de 1 à 6 et qu'ils maîtrisent les déplacements (avancer et reculer) sur la bande numérique de 1 à 10, l'enseignant introduit la lettre x.

Situation : en groupe-classe

Pour associer cette lettre x à l'inconnu que l'on recherche, le maître demande aux élèves s'ils sont d'accord pour l'aider dans ses enquêtes : ils seront les détectives qui doivent mener à terme une ou plusieurs recherches et donner les noms de nombres possibles appelés, par exemple, les « nombres malfaiteurs » pour dramatiser la recherche.

Sous forme de jeu dramatisé, l'enseignant présente aux élèves un inconnu x, un dangereux bandit, qui est venu se placer :
– entre 5 et 7 : un seul inconnu ;
– entre 2 et 6 : attention, ils sont plusieurs ;
– après 2 : une infinité d'inconnus ;
– etc.

Ces moments de recherche vécus d'abord en groupe-classe motivent énormément les élèves. Très vite, ils utilisent les outils les mieux adaptés à ces mini-enquêtes : la bande numérique affichée au-dessus du tableau et leur double décimètre.

Les enquêtes deviennent plus ardues avec des questions plus précises du type :
« On recherche une bande de nombres malfaiteurs compris entre 5 et 9.
Combien sont-ils ?
Qui sont-ils ?
Le nombre 9 fait-il partie de la bande ? »

Des enquêtes sont ensuite proposées par les élèves eux-mêmes à l'oral.

Lorsque l'enseignant dispose de plusieurs cours, ce travail peut aussi se faire par écrit en autonomie. La validation est faite par les élèves détectives qui ont des suspects à présenter. Le reste de la classe valide ou invalide.
Petit à petit, x apparaît dans des écritures mathématiques, avec toujours la même motivation chez les élèves : débusquer x, cet inconnu :
– $2 + x = 6$;
– $5 < x < 7$;
– $6 > x > 2$;

– même situation que précédemment avec x : le maître donne 1, +, 3, x, = et demande aux élèves de trouver tous les x possibles : $x = 4$ $(1 + 3 = x)$ ou $x = 2$ $(1 + x = 3)$.

Remarques

• L'introduction du *x* permet d'aborder précocement l'addition à trous et de faire le lien avec certaines situations-problèmes : rechercher le complément à... sans que les élèves aient à trouver eux-mêmes l'écriture $3 + x = 7$, par exemple, qui les déroute un peu lorsqu'elle est abordée pour la première fois en situation-problème ou dans les fichiers.

Les élèves habitués à travailler sur les petits nombres avec des écritures du type $x + 7 = 9$, $5 + x = 8$ et $4 + 2 = x$, associent plus facilement les situations de recherche de l'état initial, de l'état final ou de la transformation si ce que l'on cherche est matérialisé par le *x* (plutôt que par un blanc ou par un __ que l'on retrouve dans beaucoup de manuels avec des exercices du type __ + 7 = 9, 5 + __ = 8).

• Par ailleurs, il est plus simple pour le maître de demander aux élèves : *« Que va-t-on rechercher ? »*, *« Qui est l'inconnu ? »* et *« Que représente-t-il ? »*, plutôt que d'aborder les problèmes de compléments ou de recherche de l'état initial par les additions à trous.

CP : période 2

2

• Somme inférieure à 10 de deux nombres, différence de deux nombres inférieurs à 10 : avancer et reculer sur la bande numérique.

Décomposition des nombres de 6 à 10

La situation sera toujours la même pour la décomposition des nombres 6, 7, 8 et 9 avec un nombre d'écritures de plus en plus grand.
L'enseignant demandera aux élèves de réfléchir à une démarche pour être sûr que l'on n'a pas oublié de décompositions d'un nombre.
Le dispositif par groupes de deux ou par quatre et les consignes de plus en plus précises feront progresser la situation de départ.

Décomposition du nombre 6

Matériel (par élève ou par groupe si l'enseignant choisit ce dispositif) :

– 3 bandes de 6 carreaux :
– 1 paire de ciseaux.

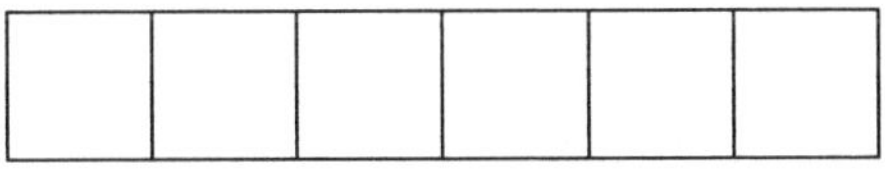

Consigne

« Donne un coup de ciseaux ou n'en donne pas, mais trouve au moins trois façons d'écrire le nombre 6. »

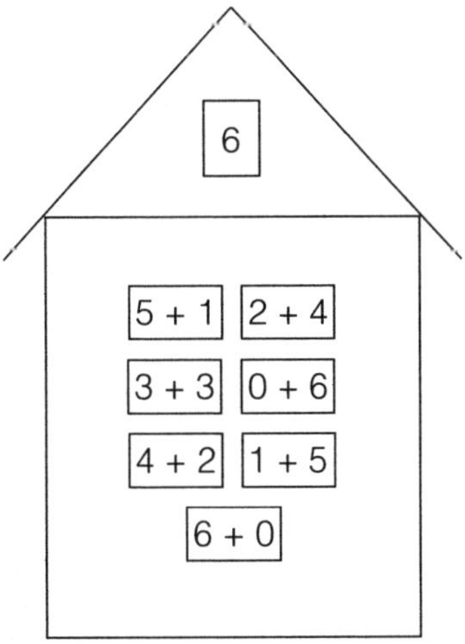

Hormis les erreurs récurrentes au début de l'activité (plusieurs coups de ciseaux donnés dans la bande, découpage de chaque carreau...), on arrive rapidement aux écritures additives du nombre 6 : 0 + 6, 1 + 5, 2 + 4, 3 + 3...
4 + 2 et 2 + 4 sont deux façons de faire 6, ce qui amène les élèves à s'interroger sur la commutativité de l'addition.
Dans un premier temps, le maître accepte les écritures 1 + 2 + 3, mais

il les élimine rapidement car elles ne répondent pas à la consigne $6 = a + b$. On arrive donc à plusieurs décompositions du nombre 6 qui permettent de bâtir la « maison » du 6 (voir page précédente).

Pour le nombre 6, l'enseignant n'insiste pas dans un premier temps sur un rangement des écritures additives. Puis il demande aux élèves de « ranger la maison », c'est-à-dire de mettre de l'ordre et de proposer une procédure qui permet de ne pas oublier de décompositions.

À titre d'exercices d'application, le maître proposera différents exercices pour consolider les acquisitions :
- des additions en ligne simples, par exemple : $5 + 1 = x$, $3 + 3 = x$, $3 + 2 = x$...
- des additions avec x : $4 + x = 6$, $6 = x + 1$...

Tous ces exercices seront proposés avec l'aide de la bande numérique, mais sans représentation dessinée de carrés ou de ronds, afin de permettre le plus possible une résolution mathématique de la situation.

Décomposition des nombres 7, 8 et 9

Pour 7, 8 et 9, le maître procédera de la même manière en étudiant les décompositions de ces trois nombres en une seule séance. Il donnera le nombre 7 à décomposer dans deux groupes, le 8 dans deux autres et le 9 dans deux derniers groupes.
Chaque groupe présentera son travail au reste de la classe.
Il s'agit alors de répertorier les décompositions de chaque nombre. Si aucune démarche n'a émergé concernant la construction de chacune des « maisons », l'enseignant ajoute les consignes suivantes :
« Comment ranger ces décompositions dans la maison ? »
« Comment être sûr qu'on n'a pas oublié une décomposition ? »

Grâce à la commutativité, les élèves associent très rapidement 5 + 2 et 2 + 5, d'autres remarquent rapidement qu'à chaque fois on a 7 + 0, 8 + 0, puis 6 + 1, 7 + 1... Cela amène donc à deux rangements possibles :

- 1er rangement :

7	
7 + 0	0 + 7
6 + 1	1 + 6
5 + 2	2 + 5
4 + 3	3 + 4

Ce rangement permet de systématiser la propriété de la commutativité qui sera par la suite très utile au développement du calcul réfléchi. Cette propriété doit donc constituer un savoir pour l'élève, être une connaissance explicite, même si évidemment le terme de « commutativité » n'est pas employé.

• 2e rangement :

7
7 + 0
6 + 1
5 + 2
4 + 3
3 + 4
2 + 5
1 + 6
0 + 7

Remarque
Ici, les élèves prennent conscience que l'on peut obtenir une décomposition à partir de la décomposition précédente en ajoutant 1 à l'un des nombres et en retirant 1 à l'autre nombre (on remplace le premier nombre par le nombre qui précède et le second par le nombre qui suit).

Jeux complémentaires

À partir de ces maisons qui serviront de référents dans la classe, le maître développera tous les exercices traditionnels qui s'attachent à faire manipuler les nombres de 1 à 9 :
– des courses à 8, à 9... (un élève choisit un nombre, 3 par exemple, les autres enfants font la course à 9 en ajoutant 1, 2 ou 3) ;
– des jeux de dés ;
– la somme des deux parties d'un domino ;
– etc.

Résolution de problèmes

L'enseignant proposera également tous les problèmes qui se rapportent aux décompositions des nombres de 6 à 10 (voir p. 211-215) :
– des situations de réunion et de séparation (recherche du tout ou d'une des parties) ;

– des situations de surcomptage et de décomptage (avancer/reculer) et des situations d'ajout et de retrait (recherche de l'état final, de l'état initial ou de la transformation).

Les maisons servent de témoins afin de valider le résultat des procédures de résolution.

Exemples de situations :

« Dans une boîte, j'ai mis 4 billes. Je rajoute 5 billes. Combien y a-t-il de billes maintenant dans la boîte ? »

« Dans une boîte j'avais 6 billes. J'en ai ajouté un certain nombre. Il y a maintenant 9 billes dans la boîte. Combien en ai-je ajouté ? »

« J'avais mon pion sur la case 4. J'ai joué 3 avec le dé. Sur quelle case dois-je placer le pion ? »

« J'ai joué 5 avec le dé. J'ai placé mon pion sur la case 9. Sur quelle case était mon pion avant de jouer 5 ? »

« Un groupe est composé de 9 enfants. Il y a 4 garçons dans le groupe. Combien y a-t-il de filles ? »

En parallèle, le maître entreprendra un apprentissage systématique :
– des doubles : 0 + 0, 1 + 1, 2 + 2, 3 + 3, 4 + 4, 5 + 5 ;
– de l'écriture en lettres des nombres de 0 à 9.

Calcul réfléchi

L'enseignant consolidera sur cette période les déplacements en avant et en arrière sur la bande numérique, les nombres pairs et impairs et les sauts qu'ils occasionnent sur la bande, ainsi que le rangement de cinq nombres en ordre croissant ou décroissant.

CP : période 3

3

• Le nombre 10 et ses décompositions.

Étude du nombre 10

L'étude du nombre 10 constitue un moment clé dans la numération. On peut regretter que beaucoup de manuels ou de fichiers n'y consacrent pas le temps nécessaire. Le nombre 10 et ses décompositions sont les outils fondamentaux du calcul réfléchi et de la mise en place de la numération.

Situation de départ

Le texte est écrit au tableau : « *La mamie de Sophie et de Pierre arrive chez eux. Elle a apporté 10 bonbons pour ses petits-enfants. Les deux enfants sont dans la chambre de Sophie. Mamie entre dans la chambre, dépose les 10 bonbons sur le lit et referme la porte. Que va-t-il se passer ?* »

De manière générale, les élèves se lancent dans un partage équitable. Si c'est le cas, l'enseignant valide avec la classe le résultat 5 bonbons pour Sophie et 5 bonbons pour Pierre. Puis il ajoute : « *J'ai oublié de vous dire que Pierre est beaucoup plus grand que Sophie... et beaucoup plus gourmand ! Remettez-vous au travail par groupes de trois.* »
Le maître ajoute également les contraintes suivantes :
« *Vous devez trouver toutes les situations possibles, sans en oublier une.* »
« *Vous devez noter vos réponses sur une grande feuille. On doit comprendre combien chaque enfant a de bonbons sans que vous expliquiez.* »
« *Je ne demande pas de phrases mais plutôt des écritures mathématiques.* »
« *Les écritures mathématiques que vous écrirez devront montrer que les deux enfants avaient 10 bonbons en tout.* »

Très souvent, il est nécessaire de reprendre et d'énoncer de nouveau les contraintes pour éviter les réponses narratives du type : Sophie prend 8 bonbons et Pierre prend 2 bonbons.

On arrive à des représentations du type :

S	P		S	P		S	P
5	5		6	4		9	1
\	/		\	/		\	/
10			10			10	

Trios de dix

Ces représentations sont formalisées sous la forme des trios en associant au même trio les deux additions $a + b = 10$ et $b + a = 10$.

10		10		10		10		10		10	
10	0	9	1	8	2	7	3	6	4	5	5

Le maître montre que l'on peut écrire quatre phrases mathématiques correspondant à un trio :

10	
9	1

9 + 1 donne 10 : lecture de gauche à droite avec résultat au-dessus.
1 + 9 donne 10 : lecture de droite à gauche avec résultat au-dessus.
10 – 1 donne 9 : 1 en moins donc caché par la main, reste 9 en bas.
10 – 9 donne 1 : 9 en moins donc caché par la main, reste 1 en bas.

Puis les élèves seront chargés d'écrire les quatre phrases mathématiques qui découlent de chacun des autres trios.

Remarque
C'est donc à partir de l'observation du fonctionnement des trios que le signe – sera employé, utilisé et présenté aux élèves. Il est souhaitable que le signe – soit abordé dès la Grande Section de maternelle[1]. Dans ce cas, il serait facilement reconnu des élèves de CP. Tout comme on avait associé au signe + l'avancée sur la droite numérique et la réunion des cardinaux de deux ensembles, on associera au signe – le décomptage et le recul sur la droite numérique.

Les trios du nombre 10 vont être au fondement d'une systématisation des relations qui existent entre trois nombres dont l'un d'entre eux est égal à la somme des deux autres :

c	
a	b

$$a + b = c \quad b + a = c \quad c - a = b \quad c - b = a$$

1. Voir A. Descaves, S. Vignaud, *Activités numériques à la maternelle : des situations pour maîtriser les compétences*, Hachette Éducation, coll. « Pédagogie pratique à l'école », 2006.

Le maître établit donc un trio avec les lettres *a*, *b* et *c* et y associe les quatre opérations.

Entraînement (mémorisation)

Jusqu'à Noël, les décompositions du nombre 10 seront réactivées, reprises, récitées, remémorées et réécrites au début de chaque séance de mathématiques afin que les associations 9 et 1, 8 et 2, 7 et 3, 6 et 4 et 5 et 5 soient complètement intégrées par la classe.
Nous avons déjà observé dans certaines classes que les élèves ont appelé ces décompositions les « couples d'amoureux » qu'il ne faut pas séparer.
Le maître proposera alors de manière récurrente des trios à 10 avec une case vide à compléter, des additions avec x pour compléter à 10, des problèmes avec recherche du complément à 10 ou dont l'état final ou initial est 10.

L'utilisation des trios va aussi permettre à certains élèves qui avaient des difficultés de compréhension concernant les additions du type $4 + x = 7$ et qui donnaient comme résultat $x = 11$ d'intégrer x comme complément de 4 à 7.

7	
4	x

En reprenant le support des bandes numériques (ici, une bande de 10 carreaux), les élèves construisent rapidement la maison du 10. Le maître explique alors l'importance du nombre 10, sa forme, ses liens avec nos dix doigts, ses représentations canoniques du type « domino »...

Le maître introduit ensuite le mot « dizaine » et le tableau « dizaine/unités ». Les élèves manipulent le nombre 10 à partir de problèmes.

Ce travail systématique sur les décompositions de 10 permet aux élèves de s'approprier rapidement les écritures additives de 10, mais aussi tous les compléments à 10. Ils resteront de précieux outils pour le calcul réfléchi sur les plus grands nombres.

À ce moment de la progression, les décompositions du nombre 10 sont à apprendre par cœur afin que les élèves qui n'ont pas encore intégré la notion d'ordre et de grandeur puissent cependant participer aux moments de calcul rapide du type $5 + x = 10 \rightarrow x = 5$.

Calcul

Les moments de calcul (au moins 10 minutes quotidiennes) sont organisés comme autant de voyages au pays des nombres et portent chaque jour sur un objectif spécifique. Ils restent cependant en liaison avec les notions abordées. La liste qui suit détaille des exercices d'entraînement qui peuvent être proposés lors de ces moments de gymnastique sur les nombres :

- dictées de nombres ;
- compter de 2 en 2 ;
- donner les nombres pairs ;
- ranger cinq nombres en ordre croissant ;
- compter à rebours ;
- chanter la suite numérique jusqu'à 40 ;
- donner le complément à ;
- donner le double de ;
- donner le nombre entre 5 et 7 ;
- utiliser un tableau avec comme opérateur + 1, + 2 ou – 1 ;
- donner le résultat de $a + b$... ;
- avancer et reculer sur la bande numérique.

Cette période se terminera par la construction de la table d'addition sous forme d'un tableau cartésien.

CP : période 4

- La numération de position (grouper par dix et échanger).
- Les nombres de 10 à 20.

La numération de position

Situation de départ

Il s'agit d'amener les élèves à comprendre l'intérêt de la numération décimale de position et à l'utiliser.

Matériel

Les élèves utilisent le même matériel que pour la découverte des décompositions des nombres de 0 à 10, c'est-à-dire :
- des bandes de 10 carreaux ;
- n carreaux avec $n < 10$.

Déroulement

Le maître demande aux élèves de classer les bandes.
Par groupes de deux, les élèves classent les bandes en deux tas :
- le tas des bandes de 10 cases : les dizaines ;
- le tas des unités.

Le maître demande aux élèves d'exprimer la quantité qu'ils ont sur leur table sans la montrer. Les groupes arrivent très rapidement à une formulation du type : « *Nous avons 6 bandes de dix et 7 petits carrés.* »

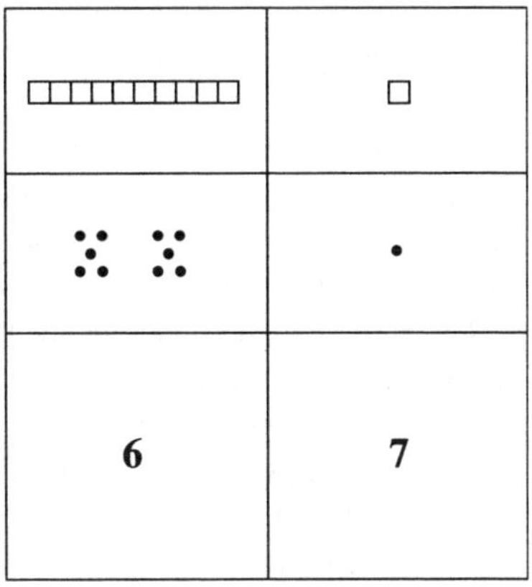

On écrit ensuite ces résultats dans un tableau qui peut prendre plusieurs formes en fonction des propositions de la classe.

Situation 2

Matériel

Les élèves reprennent les bandes de 10 carreaux, mais le nombre de carreaux est maintenant supérieur à 10 (n carreaux avec $n > 10$).

Déroulement

Comme précédemment, le maître demande aux élèves de classer les bandes. On arrive ainsi à deux tas : celui des dizaines et celui des unités. Lorsque l'enseignant demande aux élèves d'écrire ces nombres dans le tableau se pose le problème du nombre des unités qui a deux chiffres. Les élèves comptent et recomptent ce nombre d'unités jusqu'à ce qu'ils se rendent compte que ce nombre dépasse 10. En alignant les carrés unités, il devient possible de constater qu'on peut faire une nouvelle bande dizaine (notamment lors d'un travail de groupe). Cette situation amène donc les élèves à proposer d'échanger 10 carrés unités contre une bande de 10 carreaux.

Remarques

• Cette prise de conscience du groupement que l'on peut échanger varie d'une année sur l'autre. Si elle n'émerge pas, il semble important de donner aux élèves des collections avec un nombre d'unités « séparées » de plus en plus grand afin de justifier le groupement par dix.

• Cette séance se situant juste après le travail sur les trios de 10, l'expérience montre que le groupement par dix se fait naturellement dans une grande majorité des classes de CP.

Situation 3

Pour stabiliser cette habitude de grouper par dix et pour créer un automatisme chez les élèves, le maître leur proposera, dans le cadre d'un travail de groupe, de coder de grandes quantités de points (> 50) sous la forme de semis de points non ordonnés. L'enseignant demandera aux élèves de donner une écriture mathématique correcte du nombre de points afin qu'un autre groupe puisse les redessiner.

Lors de ces travaux de groupes, on assiste aux procédures habituelles qui ne sont pas les plus sûres : comptage des points un à un, comptage des points avec une marque sur chaque point compté. Ces deux procédures sont vite écartées pour deux raisons :

– des erreurs lors du comptage peuvent survenir sans avoir la possibilité de vérifier sans tout recompter ;

– un autre groupe peut avoir des difficultés à lire un nombre de deux chiffres car, très souvent, c'est un élève « leader » (qui connaît les nombres jusqu'à 100) qui prend en charge tout le travail de codage et le reste du groupe est passif.

Dans le groupe qui reçoit le codage sous la forme d'un nombre à deux chiffres se pose alors le problème inverse : lire ce nombre, puis essayer de dessiner un semis ayant le même nombre de points.

Lors des mises en commun, on arrive rapidement à un consensus sur un codage représentant les paquets de 10 et les unités. Le lien se fait avec la situation précédente.

Les groupes produisent des réponses diverses :

a) 10 + 10 + 10 + 10 + 10 + 10 + 7

b) 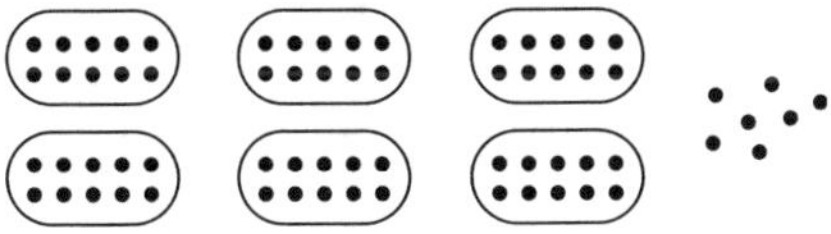

c) 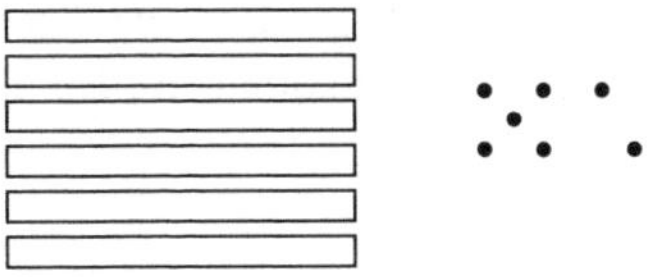

d) 6 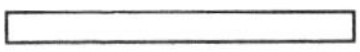 et 7 •

La représentation dessinée de la dizaine varie chaque année en fonction du choix des élèves.

Le maître assure le passage du tableau :

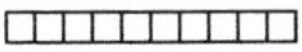	
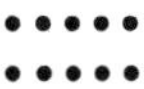	•
6	**7**

Au tableau :

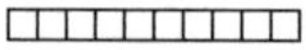	
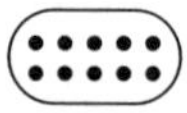	
d	**u**
6	**7**

Chacun des deux premiers étages du tableau est petit à petit abandonné par les élèves, mais la trace de ce tableau reste en affichage dans la classe pour réactiver tout au long de l'année que le deuxième chiffre en partant de la droite correspond à un paquet de 10.

Calcul

Lors des moments de calcul rapide (gymnastique) selon le procédé La Martinière, on utilisera le codage suivant pour les représentations imagées d'un nombre : un trait vertical pour les dizaines et une croix pour les unités. Par exemple, pour 36 :

III xxxxxx

Réciproquement, le maître demandera aux élèves de donner l'écriture d'un nombre donné sous sa forme imagée.

Exemples

« Dessine le nombre qui s'écrit 46 dans le tableau. »
Le maître acceptera les différentes représentations possibles.

« Écris dans le tableau le nombre qui se dessine avec 3 barres de 10 et 5 croix ou carrés. »

Remarque
Nous avons pris le parti de faire aborder le codage d'une quantité en groupant par dix et en renseignant le tableau des dizaines et des unités où les dizaines sont représentées sous la forme d'une bande de 10 et les unités sous la forme d'un petit carré, avant d'aborder les nombres de 10 à 20.
C'est seulement après ces moments de manipulation et de mise en correspondance dans les deux sens, entre les représentations en dizaines et en unités, les représentations en barres dizaine et en carrés unité et les collections, que l'on aborde un travail plus spécifique sur les nombres de 10 à 20.

Pendant toute cette période on parlera des nombres qui s'écrivent 1 dizaine et 3 unités au lieu de « treize », 1 dizaine et 4 unités au lieu de « quatorze », 3 dizaines et 6 unités au lieu de « trente-six ». **Il s'agit donc de donner une priorité dans le temps à l'apprentissage du codage écrit sur le codage oral.** Il y a toujours dans la classe quelques élèves qui savent nommer ces nombres et le maître profitera bien évidemment de leur connaissance des nombres pour les nommer, mais il continuera à utiliser le découpage dizaines/unités pour bien ancrer le sens de la numération de position.

La séquence précédente va permettre d'aider les élèves qui ont du mal à mémoriser le nom des nombres irréguliers : 11, 12, 13, 14, 15 et 16 *(« onze, douze, treize, quatorze, quinze, seize »)*. Les élèves peuvent utiliser 15 sans savoir le nommer. En effet, si 14 est davantage ressenti comme un paquet de dix unités plus quatre unités (10 + 4, 1 dizaine et 4 unités) que comme l'écriture de deux chiffres 1 et 4, il est plus naturel pour l'élève de partir de 10 sur sa bande numérique et d'avancer de 4 pour retrouver le nom de ce nombre en récitant la comptine numérique : *dix, onze, douze, treize, quatorze.*

Les nombres de 10 à 20

L'enseignant se servira ensuite de la comptine des nombres qui est connue des élèves pour mémoriser les nombres de 10 à 20 (la principale difficulté concerne les nombres 13, 14, 15 et 16). On observe dans la pratique que ces nombres sont le plus souvent mémorisés de manière « globale » par les élèves de CP (notamment de début de CP), comme les nombres 100 ou 1 000. Il convient donc de faire dire aux élèves à ce moment de l'apprentissage que 16 c'est 10 + 6, ou 1 dizaine et 6 unités, ou 6 unités et 1 dizaine pour ne pas perdre de vue la valeur du chiffre des dizaines.
Le maître arrivera rapidement à une représentation en tableau de chacun des nombres :

d	u
1	5

Pour chaque nombre, le maître travaillera les formes suivantes dans différents registres :

15 10 + 5 quinze 1 dizaine et 5 unités I xxxxx

Toutes ces écritures seront utilisées lors des moments de calcul (voyage au pays des nombres).

Ordre sur les nombres de 10 à 20, avancer et reculer sur le tableau des nombres de 0 à 20

Toute cette période sera consacrée à l'étude des nombres de 10 à 20, à leurs écritures et à la notion d'ordre et de comparaison.

Calcul

En calcul réfléchi, le maître fera noter aux élèves le passage d'une ligne à l'autre et d'une colonne à l'autre dans le tableau des nombres :

	1	2	3	4	5	6	7	8	9
10	11	12	13	14	15	16	17	18	19

+ 1	– 1	+ 10	– 10
→	←	↓	↑

• Se déplacer verticalement revient à ajouter ou à retirer 10, c'est-à-dire une dizaine : on agit sur le chiffre des dizaines.
• Se déplacer horizontalement revient à ajouter ou à retirer 1, c'est-à-dire une unité : on agit sur le chiffre des unités.

CP : période 5

5

• Se déplacer (+ 10, – 10, + 1, – 1) dans le tableau des nombres de 0 à 99.

Les nombres de 0 à 99

Les élèves ayant beaucoup manipulé les nombres en codage et en représentation, l'apprentissage des nombres de 20 à 69 ne pose pas de réelles difficultés.
L'apprentissage de la comptine *« vingt, trente, quarante, cinquante, soixante »* est la clé qui permet de rentrer dans le tableau des nombres de 0 à 60. Aucune séance particulière n'est prévue pour l'apprentissage des nombres de 20 à 69 : c'est en les utilisant, en les entendant nommer par le maître et les autres élèves que l'imprégnation se fait.

Activités rituelles

Chaque semaine, le maître organise les activités suivantes :
– dictée de nombres ;
– compter de 2 en 2, de 5 en 5, de 10 en 10 ;
– ranger une liste de nombres du plus petit au plus grand ;
– intercaler un nombre entre deux autres ;
– intercaler un nombre entre deux dizaines ;
– placer un nombre sur la droite graduée ;
– donner le chiffre des unités, le nombre d'unités, le chiffre des dizaines et le nombre de dizaines (identiques pour les nombres inférieurs à 100).

Ces activités seront proposées régulièrement au début des séances de mathématiques. La plupart de ces exercices concernent les compétences du programme.

Nouvelles acquisitions

Pendant cette période, les élèves vont se familiariser avec le tableau des nombres et la bande numérique jusqu'à 69, aussi bien dans le cadre de la numération que dans ceux de la résolution de problèmes et du calcul réfléchi. L'écriture 49 = 40 + 9 ne posant pas de réel problème, elle est étudiée et intégrée très rapidement. Le maître consacrera un peu plus de temps à l'appropriation de la décomposition 49 = 10 + 10 + 10 + 10 + 9.

C'est à cette époque de l'année que le calcul réfléchi prend une place importante car il devient manifeste pour les élèves que l'on calcule beaucoup plus vite, et en se fatiguant moins, si on réfléchit à la façon de calculer une somme ou une différence.
À partir des aides « doubles » et « trios de 10 », on fait réfléchir les élèves sur les manières les plus rapides de calculer des sommes du type :
$5 + 6 + 5$ ou $9 + 8$.

Pour la première somme, la classe propose très vite d'associer les deux nombres qui font 10, puis d'y ajouter le nombre restant :
$5 + 6 + 5 = 10 + 6 = 16$.
Pour la seconde opération, le tâtonnement est souvent plus long, mais on arrive à l'utilisation des doubles :
$9 + 8 = 8 + 8 + 1 = 16 + 1 = 17$ ou $9 + 8 = 9 + 9 - 1 = 18 - 1 = 17$.

Les élèves s'exercent au choix et à l'utilisation de ces procédures lors des moments de « gymnastique » de calcul, au début de chaque séance de mathématiques. Ces procédures doivent progressivement être automatisées.

Passage à la dizaine supérieure

C'est à ce moment de l'apprentissage que le passage par la dizaine devient vraiment nécessaire et prend du sens pour les élèves. Sur de petits nombres, ce passage ne se justifie pas vraiment, par exemple : $9 + 6 = 9 + 1 + 5 = 10 + 5 = 15$ (dans ce cas, les élèves restent un peu perplexes car la procédure n'a pas vraiment de justification). Sur des nombres plus grands, le passage à la dizaine supérieure pour calculer devient un véritable outil pour être plus rapide. Une fois de plus, le tableau des nombres va aider les élèves à construire ce passage à la dizaine supérieure.

Matériel :

– des bandes de 10 carreaux ;
– une bande de n carreaux ($n < 10$).

Situation 1

L'enseignant donne la consigne à la classe : *« Comment arriver à n'avoir que des bandes de 10, c'est-à-dire des bandes dizaines ? »*

Chaque élève a un nombre de dizaines et d'unités et doit donc « commander » des unités pour n'avoir plus sur sa table que des dizaines pleines grâce à un groupement/échange. Les élèves sont d'abord invités à coder la quantité qu'ils ont et à la noter sur leur ardoise. Ils doivent ensuite noter leur commande d'unités.

Lors de la mise en commun, on remarque que la commande est la même pour 27, 67 et 57, par exemple, ou pour 29, 59 et 19. Chaque élève est ensuite chargé de noter la phrase mathématique qui relie le nombre qu'il avait au départ (sa commande) et le nombre auquel il arrive finalement.
On obtient les écritures suivantes, que le maître range :

27 + 3 = 30	36 + 4 = 40	21 + 9 = 30
47 + 3 = 50	66 + 4 = 70	51 + 9 = 60

Les élèves font très rapidement le lien avec les trios de 10 étudiés longuement précédemment.

Situation 2

Lors d'une séance suivante, les élèves apprennent à automatiser la recherche du complément à la dizaine supérieure grâce au tableau de nombres de 0 à 99. Chaque élève dispose de son tableau. Le maître utilise un grand tableau aimanté sur lequel figure les 100 premiers nombres (voir ci-dessous).
Cette situation permet aux élèves de comprendre que de passer de 23 à 30 demande le « même travail » que de passer de 3 à 10 ou de 13 à 20.

	0	1	2	3	4	5	6	7	8	9
Dix	**10**	11	12	13	14	15	16	17	18	19
Vingt	**20**	21	22	23	24	25	26	27	28	29
Trente	**30**	31	32	33	34	35	36	37	38	39
Quarante	**40**	41	42	43	44	45	46	47	48	49
Cinquante	**50**	51	52	53	54	55	56	57	58	59
Soixante	**60**	61	62	63	64	65	66	67	68	69
Soixante-dix	**70**	71	72	73	74	75	76	77	78	79
Quatre-vingt	**80**	81	82	83	84	85	86	87	88	89
Quatre-vingt-dix	**90**	91	92	93	94	95	96	97	98	99

À tour de rôle, chaque élève choisit un nombre et propose une opération qui lui permet de rejoindre la dizaine supérieure (que le maître appelle « gare[1] » à cette époque de l'année). Le reste de la classe valide ou non sa proposition.
Ce tableau de nombres va permettre de multiples exercices aussi bien pour consolider la notion de complément à la dizaine supérieure que l'apprentis-

1. Gare : expression imagée d'un train qui s'arrête.

sage des nombres (numération de position) et du calcul (additionner de tête en passant par la dizaine supérieure).

Exemples d'exercices

« *Trouve* x *tel que* x + *5 = 50.* »
« *Donne toute la liste des nombres qui donnent une dizaine "pleine" lorsqu'on leur ajoute 6 (.. + 6).* »
Avancer ou reculer dans le tableau en ajoutant ou en retirant 1 ou 10 :

+ 1	– 1	+ 10	– 10
→	←	↓	↑

Remarque
L'apprentissage du nom des nombres de 69 à 99 n'étant pas acquis par tous les élèves à cette époque de l'année, on admettra et on utilisera pour les nombres supérieurs à 69 la dénomination 7 dizaines et 3 unités pour ceux qui le désirent et pour bien montrer qu'un nombre peut se définir ou s'appeler de différentes façons.

CP : période 6

6

- Somme de plusieurs nombres.

Calculer avec le tableau de nombres

Outre une reprise des exercices proposés aux élèves lors des périodes précédentes, le maître insistera à ce moment de l'année sur le calcul en ligne et sur l'écriture des nombres en lettres.
L'écriture des nombres en lettres sera étudiée en lecture et les mots nombres seront donc retenus dans le cadre du lexique des mots que les élèves de CP doivent savoir orthographier.

Objectif

Apprendre à calculer sur des nombres plus grands en utilisant la numération de position et le tableau de nombres.

L'utilisation du tableau de nombres va permettre aux élèves de donner le résultat d'opérations sans utiliser ni la calculatrice, ni les bandes de dizaines et les carrés unités :
– pour ajouter 26, il convient de descendre de 2 cases (2 dizaines) et d'avancer de 6 cases (6 unités). Ces actions correspondent à : + 10, + 10 et + 6 ;
– pour enlever 24, il convient de remonter de 2 cases et de reculer de 4 cases. Ces actions correspondent à : 10, 10 et 4.

Chaque utilisation du tableau est l'occasion de constater que, lorsque l'on se déplace verticalement, vers le haut ou vers le bas, on modifie le nombre au niveau du chiffre des dizaines et que, lorsque l'on se déplace horizontalement, vers la gauche ou vers la droite, on modifie le nombre au niveau du chiffre des unités.

Le maître organise l'apprentissage de plusieurs procédures de calcul.

L'addition de dizaines pleines entre elles

L'enseignant propose d'additionner 20 + 20, 30 + 20, 30 + 20 + 10 ou 20 + 20 + 20, par exemple, avec l'aide du tableau de nombres dans un premier temps, puis sans le tableau.

Situation : en groupe-classe

Consigne

« Vous devez compter dans votre tête et donner le résultat. »

Le maître explique qu'on va ajouter des dizaines pleines entre elles. Il précise que le nombre de dizaines de chaque nombre sera donné par le nombre de doigts qu'il va montrer. Tout doit se passer silencieusement, avec l'aide du tableau de nombres pour les premières sommes demandées, puis de tête pour les suivantes.

Mise en œuvre

Le maître montre 5 doigts et attend que les élèves posent leur regard sur 50, puis il montre 3 doigts.
On assiste très rapidement à deux stratégies :
– certains partent du nombre 50 dans le tableau de nombres et descendent de 3 cases pour arriver à 80 ;
– d'autres additionnent déjà les dizaines entre elles (5 + 3 = 8) et convertissent ces 8 dizaines en 80.

Les deux stratégies sont expliquées par les élèves au reste de la classe et chacun se détermine pour celle qui lui semble la plus sûre ou la plus rapide. Au fur et à mesure des exemples, la seconde méthode est de plus en plus choisie.

Le tableau de nombres de 0 à 99 (celui de la classe ou le leur) est une aide que les élèves ont constamment sous les yeux. Petit à petit, dans le cas d'un défi ou d'un challenge, le maître prend l'habitude de retourner le tableau pour que les opérations deviennent complètement mentales et que les élèves prennent conscience que le travail se passe dans la tête.
Les moments de calcul mental qui permettent l'automatisation de certaines opérations mentales trouvent très vite leur réinvestissement dans la mise en œuvre de procédures de calcul réfléchi écrit.
L'apprentissage s'effectue grâce à des allers-retours entre les actions sur les registres écrits et les actions purement mentales (mais qui s'appuient sur des images mentales créées par les supports écrits) : des actions sur le tableau de nombres aux actions mentales, puis l'utilisation des résultats et de procédures automatisées pour calculer sur des écritures en ligne.

L'addition de dizaines pleines à un nombre donné

Situation : en groupe-classe

Matériel

Chaque élève dispose d'une ardoise.

Consigne

« Vous devez compter dans votre tête et inscrire uniquement le résultat sur votre ardoise. »

Dans le cadre du procédé La Martinière, le maître demande le résultat d'une somme : *« Je vais d'abord vous montrer le chiffre des dizaines du premier nombre (5 avec la main droite), puis le chiffre des dizaines du deuxième nombre (4 avec la main droite), puis j'écrirai le chiffre des unités au tableau (8). Vous devrez ensuite écrire le résultat. »*
Proposition orale d'un élève : *« 5 dizaines plus 4 dizaines plus 8 égalent 9 dizaines plus 8, égalent 98. »*

Variante

Cet exercice ne posant pas de réelles difficultés par rapport à l'ajout de dizaines pleines entre elles, le maître explique qu'il va donner tous les nombres oralement sans passer par le tableau. Par exemple :

« 4 dizaines + 5 dizaines + 6 unités. »
La mise en commun est l'occasion de travailler toutes les façons d'écrire ou de représenter ces nombres :
40 + 50 + 6 = 50 + 40 + 6 = 90 + 6 = 96

4 dizaines	+ 5 dizaines	+ 6 unités	= 96
IIII	IIIII	XXXXXX	IIIIIIIII XXXXXX

« 3 dizaines + 2 unités + 3 dizaines. »
Il s'agit de perturber l'ordre classique précédent afin de permettre aux élèves de réinvestir leurs connaissances de la numération de position et aussi afin que les calculs ne deviennent pas mécaniques. Les élèves doivent garder conscience de l'importance du rang des dizaines et des unités.

Chaque jour, les moments de calcul seront l'occasion de mettre en pratique ces nouvelles procédures. Le maître y ajoutera la mise en évidence des relations entre certains nombres dans des exercices variés, par exemple : 50 et 25, 40 et 20, 60, 30 et 20, compter de 5 en 5, compter de 10 en 10 et chercher et mettre en œuvre les doubles des nombres de 0 à 10.

L'addition de deux nombres à deux chiffres (sans retenue)

Le maître propose, par exemple, 26 + 43.

Pour le calcul en ligne, il convient de développer chez les élèves la capacité à reconnaître les opérations qui peuvent se calculer en ligne sans risque de se tromper : les opérations sans retenue. Poser une opération sans retenue n'est pas utile si l'élève a bien intégré la numération de position. Ce type de procédure ne pose pas de difficulté aux élèves : elles sont utilisées en ligne avec plusieurs approches possibles.

L'élève code les unités en mettant une croix sous les deux chiffres des unités : 6 et 3, puis il code les dizaines en mettant un trait sous chacun des deux chiffres des dizaines. Enfin, l'élève code le résultat avec un trait et une croix :

2 6 + 4 3 = 6 9
I × I × I ×

Dans ce cas, l'élève apprend à mettre ensemble les unités, puis à mettre ensemble les dizaines, ou l'inverse. Il est possible, contrairement à la mise en œuvre de la technique opératoire, de commencer par ajouter les dizaines.

L'addition de deux nombres à deux chiffres avec retenue

C'est à ce moment de la progression d'apprentissage que le maître confronte les élèves à la recherche du calcul d'une somme du type 35 + 27. Les élèves utiliseront les procédures découvertes et intériorisées depuis le début de l'année.

Procédures de calcul

1re procédure : utilisation des bandes dizaines et des carrés unités avec groupement/échange.
2e procédure : utilisation de la calculatrice.
3e procédure : utilisation du tableau de nombres.
4e procédure : ajout des « dizaines pleines », puis passage par la dizaine supérieure :
35 + 27 = 35 + 20 + 7 = 55 + 7 = 55 + 5 + 2 = 60 + 2 = 62 ;
5e procédure : ajout des unités entre elles, puis des dizaines :
35 + 27 = 5 + 7 + 30 + 20 = 12 + 50 = 62.

Il est important de mettre en évidence cette 5e procédure car, si on privilégie trop la 3e ou la 4e manière de calculer, on constate des difficultés lors de l'apprentissage de la technique opératoire de l'addition à retenue : dans ce cas, certains élèves commencent par additionner les dizaines entre elles lorsque l'addition est posée.

Chacune de ces procédures est valide mais, dans l'activité, les élèves comprennent vite que certaines sont plus rapides et plus efficaces que d'autres. Chaque procédure est plus particulièrement travaillée lors d'un moment de calcul afin que les élèves aient le temps de les maîtriser avec plus d'aisance.

• La **1re procédure** rassure les élèves. Elle est assez ludique mais, dans un souci d'efficacité, les bandes de dizaines et les unités sont très vite remplacées par des traits verticaux pour les unes et des croix ou des points pour les autres.
C'est la seule des cinq manières de calculer une somme qui utilise le groupement/échange. Elle sera donc utile pour mieux comprendre la retenue. C'est la raison pour laquelle le maître proposera son utilisation tant que la technique opératoire de l'addition n'aura pas été abordée.

• La **2e procédure** est, bien sûr, très appréciée des élèves, mais ces derniers admettent volontiers que c'est la machine qui fait tout le travail et que l'on n'a pas toujours une calculatrice à sa disposition.

• La **3e procédure** est bien maîtrisée des élèves, mais, comme pour la calculatrice, elle nécessite la présence d'un outil : le tableau de nombres.

• Les **4e et 5e procédures** permettent de travailler la numération de position, la valeur de chacun des chiffres qui composent les nombres, mais elles demandent la production de beaucoup d'écrits qui peuvent être sources d'erreurs.

Par choix, nous proposons de n'aborder la technique opératoire de l'addition qu'au troisième trimestre, afin de permettre aux élèves de s'approprier des procédures qui allient opérations mentales et actions sur les écritures par leur transformation.
En cette fin de deuxième trimestre, le calcul mental systématiquement utilisé en début de séance amène de plus en plus d'élèves à calculer mentalement de manière réfléchie sans l'aide du tableau de nombres. Certains ont même déjà automatisé leurs calculs : cela se vérifie lors de leurs explications ou lorsqu'on leur demande de justifier leur résultat. Ils n'utilisent plus le vocabulaire dizaines/unités, mais ils expliquent leurs groupements dizaines/unités en s'appuyant uniquement sur les chiffres de chaque rang. Par exemple, pour 34 + 21 : *« Ça fait 55 parce que 4 et 1 ça fait 5 et 3 et 2 ça fait 5. »*

Activités complémentaires

Parallèlement à toutes ces activités de calcul, l'enseignant proposera des situations permettant l'appropriation de la numération concernant toutes les manières d'utiliser ou de représenter les nombres. Il pourra proposer aux élèves des exercices variés concernant :
– le rangement des nombres ;
– l'intercalation de nombres ;
– le positionnement de nombres sur la droite numérique ;

– la représentation des nombres sous une forme figurée ;
– la décomposition des nombres en dizaines et en unités.

Calcul réfléchi

En ce qui concerne le calcul réfléchi, le maître proposera plusieurs types d'exercices portant plus systématiquement sur des nombres plus grands :
– utiliser des tableaux avec les opérateurs + et – (dans un sens « j'ajoute », dans l'autre « j'enlève ») ;
– calculer des écarts en passant par les « gares » (dizaines) ;
– ajouter une ou plusieurs dizaines.

Numération

L'enseignant proposera des exercices rapides concernant l'ordre sur les nombres de 0 à 69. Cette notion ne pose pas de véritables problèmes si l'ordre a été maîtrisé sur les nombres de 0 à 20.
Un travail particulier sera mis en œuvre concernant les passages : 29-30, 39-40, 49-50 et 59-60 qui posent problème à de nombreux élèves. Ce travail s'effectuera par :
– la répétition de la comptine ;
– la manipulation des bandes dizaines et unités sur ces passages spécifiques ;
– le « cassage » de dizaines lorsque l'on décompte de 30 à 29 ;
– des exercices du type *« Cherche le nombre qui vient avant 30 »* ou *« Cherche le nombre qui vient après 49 »* ;
– la recherche des nombres intercalés entre deux dizaines, puis entre deux nombres n'ayant pas le même nombre de dizaines, par exemple entre 28 et 33.

Le maître pourra aborder un autre point posant problème à de nombreux élèves : la confusion entre 14 et 41 ou entre 15 et 51, par exemple. L'enseignant proposera un jeu de loto sur ces nombres qui posent problème ou la reprise de décompositions du type : 15 = 10 + 5, 51 = 10 + 10 + 10 + 10 + 10 + 1 = 50 + 1 =51.

Remarques
• À chaque fois que le maître sent que certains calculs, certaines affirmations ou justifications de la part de ses élèves ne s'appuient pas sur une connaissance sûre du système de numération de position, il pourra ressortir rapidement les bandes dizaines et les carrés unités pour redonner du sens (ou tout au moins une représentation imagée) aux calculs que les élèves réalisent de plus en plus souvent de manière automatisée. Le but final est bien sûr le degré d'automatisation nécessaire pour calculer vite.
• **De plus, le maître doit constamment vérifier que les élèves ont acquis la compétence à expliquer comment ils effectuent leurs calculs et quels objets et propriétés mathématiques ils utilisent.**

CP : période 7

7

- Les nombres de 60 à 99 (les dire, les écrire, les décomposer, les ranger).
- Se déplacer dans le tableau des nombres de 0 à 99.
- L'addition à retenue.
- Dépasser 100.

Le troisième trimestre est l'occasion d'aborder la technique opératoire de l'addition au moment où les élèves sont aptes à calculer des sommes en ligne. **Pour cela, les élèves doivent d'abord apprendre à reconnaître les sommes qui demandent à être posées par rapport à celles qu'il est plus simple de calculer en ligne.**

Ce sont les résolutions de problèmes qui vont donner du sens à cette difficulté. Dans la même séance, le maître proposera un problème de réunion d'ensembles modélisé par 14 + 34, par exemple, pour lequel poser l'addition ne se justifie pas, et un problème où la modélisation du problème est une somme de plusieurs nombres du type 28 + 34 + 19. Les élèves ont déjà été confrontés à ce type de programme opératoire résolu avec la calculatrice ou le tableau de nombres. Même si les élèves sont capables de gérer ce genre de calcul grâce au tableau de nombres, le maître introduira la technique opératoire pour montrer que l'on peut dans ce cas gagner du temps, et ce pour plusieurs raisons :

– parce que les élèves utilisent de moins en moins le support tableau de nombres au profit de sa mémorisation et que la justification des calculs est donc plus difficile à faire ;

– parce que la mémorisation de plusieurs nombres à additionner demande un trop gros travail ;

– parce qu'il convient de fournir une justification écrite lors de la résolution de problèmes ;

– parce que la « pression » des parents qui voient leurs enfants manier des additions à deux chiffres sans jamais les poser les conduit souvent à vouloir leur enseigner la technique opératoire.

La technique opératoire de l'addition à retenue

Compte tenu de l'habitude des élèves à manipuler les nombres, la technique opératoire est introduite dans un premier temps sur une situation de somme de trois nombres avec 2 comme retenue de dizaines.

Situation de départ

Le problème, copié au tableau, est lu par un élève : « *Pierre a 29 euros dans sa tirelire. Pour son anniversaire, sa grand-mère lui donne 18 euros et son oncle 14 euros. Combien aura-t-il d'argent en tout ?* »

Le groupe-classe est invité à proposer un programme opératoire pour résoudre ce problème. Les élèves répondent individuellement sur leur ardoise.

• Réponse attendue : $29 + 18 + 14 = x$.
Validation par le groupe-classe.
Le maître demande la valeur de x.

• Procédures attendues :
– utiliser la calculatrice ;
– utiliser le tableau de nombres de 0 à 100 ;
– utiliser la décomposition des nombres 29, 18 et 14 en 20 + 9, 10 + 8 et 10 + 4. La somme devient :
$29 + 18 + 14 = 20 + 9 + 10 + 8 + 10 + 4 = 20 + 10 + 10 + 9 + 8 + 4 = 40 + 21 = 40 + 20 + 1 = 60 + 1 = 61$.

Les élèves et le maître valident ces réponses, mais aujourd'hui l'enseignant demande que le résultat soit donné sans utiliser la calculatrice, le tableau de nombres ni la décomposition des nombres en unités/dizaines. Il propose aux élèves de chercher seuls une solution. Des groupes de trois sont constitués.

La mise en commun fait apparaître plusieurs procédures :
– la représentation imagée des trois nombres ;
– un calcul en ligne ;
– une opération posée.

• Les groupes qui ont choisi la représentation imagée mènent très souvent leur travail à son terme grâce aux groupements/échanges : le travail est seulement plus long que ce qu'ils avaient l'habitude de faire avec une addition de deux nombres à deux chiffres avec retenue (voir la 1re procédure, p. 52).
• Les groupes qui ont choisi le calcul en ligne se heurtent au nombre 21 qui est le total des unités : il est perçu comme un tout et, souvent, les élèves proposent un nombre d'unités et un nombre de dizaines, respectivement 21 et 4, mais pas 61.
• Dans les groupes qui choisissent de poser l'opération (aucune opération n'a encore été posée dans le cadre des apprentissages de la classe depuis le début de l'année), il y a toujours un ou deux élèves auxquels les parents ont

présenté la technique opératoire de l'addition à la maison, sans explication de la valeur de la retenue. Dans la plupart de ces groupes, le résultat donné est 51, car ils sont habitués à retenir 1 sur les exemples auxquels ils ont été confrontés chez eux *(« et je retiens 1 »)*. Certains groupes commencent à ajouter les dizaines et bloquent sur les unités (à cause du total 21).

Mise en commun finale de la situation-problème

La mise en commun de cette situation-problème permet de montrer que chacune des procédures utilisées ainsi que celles qui ont été écartées (calculatrice, décomposition des nombres) sont valides si on les mène à leur terme. La mise en œuvre d'une sorte de « théorème élève » erroné : *« et je retiens 1 »*, va permettre de faire prendre conscience aux élèves qu'il faut comprendre une procédure avant de l'utiliser.
Avec le groupe-classe, le maître reprend chacune des différentes procédures en terminant par l'addition posée.

Remarque
Nous ne développons pas les premières procédures qui ont déjà été utilisées sur les additions de deux nombres. La procédure qui utilise la représentation imagée avec des barres pour les dizaines et des croix pour les unités est notée au tableau.

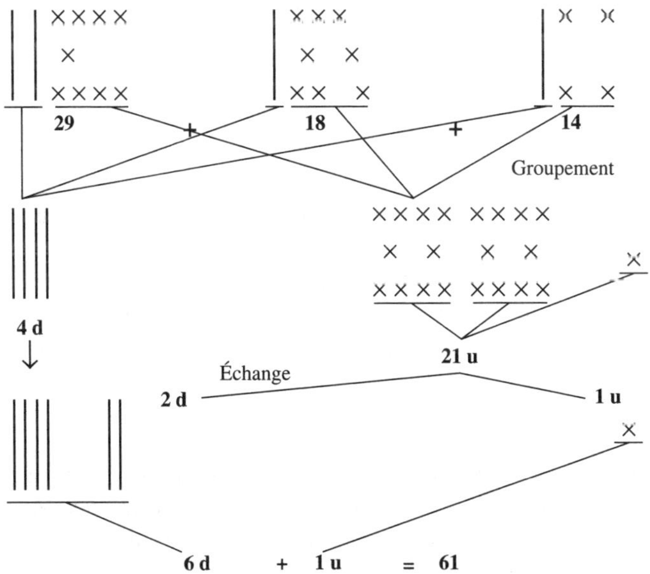

Les élèves savent déjà calculer en ligne et connaissent donc le chiffre des dizaines et des unités de chacun des nombres de la somme : ils voient qu'il faut additionner 9, 8 et 4 pour arriver à 21.

Dans un premier temps, 21 est perçu comme un tout. Le maître interroge les élèves sur le rôle de chacun des deux chiffres qui composent 21 : le chiffre des unités et le chiffre des dizaines. En enlevant 21 de l'opération et en faisant réfléchir les élèves sur la valeur de chacun des deux chiffres, les enfants perdent souvent de vue l'opération car ils restent concentrés sur ce nombre. Le plus difficile pour les élèves est de faire le lien entre 21 et l'opération que l'on est en train de calculer. C'est en s'appuyant sur les procédures utilisées précédemment que le lien se fait : par observation de la procédure imagée qui est restée au tableau et qui utilise un groupement/échange.

Le maître pose l'opération :

$$\begin{array}{rr} & 29 \\ + & 18 \\ + & 14 \\ \hline & \end{array}$$

Le maître explique que l'on aligne les chiffres des unités et les chiffres des dizaines et que l'on effectue l'addition : 9 + 8 + 4 = 21.
On pose le 1 sous les unités car c'est la seule unité qui nous reste, les 20 autres s'échangent contre 2 dizaines. Ces 2 dizaines rejoignent les autres dizaines dans leur colonne. Pour bien matérialiser ce passage et les deux colonnes, on ajoute « d » et « u » au-dessus de l'addition (ce codage a déjà été utilisé en classe lors de l'apprentissage de la numération de position) :

$$\begin{array}{rcc} & \textbf{d} & \textbf{u} \\ & 2 & \\ & 2 & 9 \\ + & 1 & 8 \\ + & 1 & 4 \\ \hline & 6 & 1 \end{array}$$

On reprend l'opération et son algorithme avec un vocabulaire plus adapté : 9 + 8 + 4 = 21.
« Le 1 qui reste va se ranger sous les unités puisqu'il est lui-même le chiffre des unités de 21. Quant au 2, chiffre des dizaines, il grimpe au-dessus des dizaines, ses "copines", pour qu'on puisse toutes les compter : 2 + 2 + 1 + 1 = 6. »
Donc : 29 + 18 + 14 = 61.

Afin de vérifier si la technique opératoire a été comprise et, en particulier, la retenue, l'enseignant peut proposer dans la foulée de trouver l'opération qui correspond à cette représentation imagée et de la calculer de plusieurs façons dont l'opération posée.

Remarque
Les premiers exercices qui suivent cet apprentissage de la technique opératoire portent principalement sur le choix à effectuer face à une addition : en ligne ou en colonne ? En effet, les élèves ont tendance à poser toutes les opérations en colonnes suite à cet apprentissage.

Situation : en calcul réfléchi, sur l'ardoise

Consigne

« Écris "L" si l'opération peut se calculer en ligne et "C" si tu penses qu'il vaut mieux la compter en colonne. »
Puis l'enseignant annonce : 16 + 32, 23 + 23, 36 + 47, 36 + 25 + 14, 50 + 6, 42 + 19...

La technique opératoire de l'addition à retenue ne pose pas de réelles difficultés aux élèves s'ils ont bien acquis la numération de position. Le maître veillera cependant jusqu'à la fin de l'année à exiger des élèves une explication à voix haute des différentes étapes :
1. *« Je pose cette addition car je vois qu'il va y avoir une ou des retenues. »*
2. *« J'aligne les nombres que j'additionne : les chiffres des unités les uns sous les autres et les chiffres des dizaines les uns sous les autres. »*
3. *« Je pose le chiffre des unités sous la colonne des unités et je retiens le chiffre des dizaines au-dessus de la colonne des dizaines. »*

Les nombres de 69 à 100

En parallèle avec l'apprentissage de la technique opératoire de l'addition, le maître proposera des situations pour aborder l'étude des nombres de 69 à 100. Pour ces nombres, le problème essentiel est lié au vocabulaire et non à la compréhension du système de numération de position : les élèves peuvent connaître des difficultés avec les nombres 70 et 90, ils peuvent également confondre les nombres 14, 41 et 81, par exemple.
Le maître pourra faire apparaître que :
– 73 = 60 + 13 : *« soixante plus treize »*, c'est ce que l'on entend ;
– 73 = 70 + 3 : *« soixante-dix plus trois »*, c'est ce que l'on voit.

L'observation des élèves lors de l'apprentissage de ces nombres « irréguliers » nous a amenés à travailler davantage sur une mémorisation de ces nombres en les utilisant le plus possible lors de jeux et d'exercices sur les nombres, par exemple :
– loto des nombres de 50 à 100 ;
– compter de 2 en 2 de 60 à 78 ;
– compter à rebours ;
– ajouter 10 aux nombres de 60 à 69 et aux nombres de 80 à 89 ;

– compter de 10 en 10 jusqu'à 70 (ou 90) et ajouter un nombre inférieur à 10 aux unités ;
– dictée de nombres ;
– chasse à un nombre : « *J'ai plus de 6 dizaines, moins de 8 dizaines et mon chiffre des unités est le même que celui des dizaines. Qui suis-je ?* » ou « *Je suis compris entre 95 et 97. Qui suis-je ?* » ;
– choix des données de problèmes pour que le résultat se trouve compris entre 60 et 99 ;
– déplacement dans le tableau de nombres sur les quatre dernières lignes avec oralisation des résultats : « *On part de 62, plus 10, moins 5, plus 2, plus 20...* » En effet, les élèves perçoivent et retiennent 73 ou 95 globalement et non comme 60 + 13 ou 80 + 15. C'est dans un deuxième temps qu'ils constatent et se servent de la décomposition orale : 60 + 13 ou 70 + 3.

Cela amène donc l'enseignant à travailler davantage au départ sur un apprentissage « global » de ces nombres (c'est le même constat pour l'apprentissage des nombres de 11 à 16). Si l'enseignant insiste trop sur 74 = 60 + 14, il induit des confusions entre les nombres « soixante-... » et les nombres « soixante-dix-... ».
Le maître peut alors reprendre des exercices déjà abordés dans le cadre du passage à la dizaine supérieure avec ces nombres ou proposer d'autres exercices, par exemple : compter de 5 en 5 et de 10 en 10, décompter, intercaler un nombre, chercher le nombre qui vient avant ou après.

Passage à la centaine

En fin d'année, il devient possible de passer la centaine, ce fameux passage souvent réclamé par les élèves qui expliquent qu'ils savent compter plus loin que 99. C'est l'occasion d'introduire et d'aborder un nouvel échange : 10 dizaines, c'est une centaine.
Les élèves sont amenés à manipuler les nombres à trois chiffres grâce à des plaques centaines, des barres dizaines et des carrés unités.

Même si les élèves ne savent pas encore nommer tous les nombres à trois chiffres, ils peuvent cependant apprendre à les coder et à les décoder. Par exemple, avec 587 : ce nombre correspond à 5 plaques, 8 barres et 7 unités, c'est-à-dire 5 centaines, 8 dizaines et 7 unités ou encore à 100 + 100 + 100 + 100 + 100 + 10 + 10 + 10 + 10 + 10 + 10 + 10 + 10 + 1 + 1 + 1 + 1 + 1 + 1 + 1.

Très naturellement, les élèves disent qu'on écrit le nombre 100, cinq fois de suite, puis le nombre 10, 8 fois de suite. Dans les classes à double niveau, lorsque la classe est à cours de multiples, les élèves de CP en fin d'année proposent d'eux-mêmes l'utilisation du signe × plutôt que la somme itérative qu'ils trouvent trop longue parce qu'ils ont entendu leurs camarades du CE1 utiliser le signe « fois ».

Problèmes

Cette dernière période est surtout l'occasion d'aborder plus « sereinement » les problèmes de recherche, ou problèmes ouverts. Les élèves sont en effet « débarrassés » des difficultés dues à la numération et à la connaissance des nombres. Ils sont mieux outillés car ils utilisent les signes +, – et = depuis suffisamment longtemps pour qu'ils aient du sens. De même, ils ont suffisamment côtoyé les nombres pour être capables de prévoir ou donner un résultat approché. Ils manient et savent se déplacer dans leur tableau de nombres. Ils ont abordé les problèmes de retrait et d'ajout, de déplacements, de réunion et de séparation de multiples fois, rapidement, oralement, systématiquement, sur des petits nombres. Donc le sens des opérations est globalement acquis.

Les élèves ont également étudié en lecture la structure des problèmes que l'on trouve dans les manuels ou dans les évaluations et surtout abordé la mise en forme demandée par l'école :

1. Programme opératoire.
2. Opération posée ou non.
3. Écriture du résultat dans le programme opératoire.
4. Phrase de réponse.

Outre les situations-problèmes traditionnellement données en fin de CP, cette période permettra de proposer des problèmes présentés sous forme de tableaux, de formulaires (facture), des problèmes impossibles à résoudre (manque de données, données inutiles), des problèmes avec des calculs intermédiaires et une seule question finale, ou bien encore des problèmes qui feront appel à différentes parties du programme : monnaie et addition à trous, par exemple.

Remarque
La monnaie est une utilisation conventionnelle du système de numération, c'est pourquoi elle ne peut constituer un milieu susceptible d'aborder la numération décimale. Elle constitue par contre un excellent milieu de réinvestissement du système de numération de position.

Les situations-problèmes et la résolution de problèmes

8

Il n'y a pas de moment spécifique pour les résolutions de problèmes. Ils sont présents dans la progression tout au long de l'année. Les exigences vont plutôt évoluer sur la façon dont les élèves vont donner les solutions.

Introduction des problèmes

Dans un premier temps, le maître ne présentera pas ces moments de résolution comme appartenant au genre résolution de problèmes.

Oralement, chaque jour, lors de la séance de gymnastique mathématique, l'enseignant propose des situations pour lesquelles il demande aux élèves ce que l'on pourrait chercher. On peut en effet être très surpris par la représentation que les élèves ont des problèmes. Pour beaucoup d'entre eux, savoir combien font 3 billes rouges plus 4 billes bleues ne représente pas un problème car ils ne voient pas la finalité de ce calcul. Pourtant, de nombreux manuels scolaires proposent ce type de problèmes au début du CP. Il nous semble plus important de proposer un apprentissage concernant l'établissement des liens entre une opération, une écriture mathématique, un programme opératoire et une situation, qu'elle soit proposée dans le cadre d'une résolution de problème ou non.

Dès le début de l'année, le maître travaillera donc la « mathématisation » des situations :

• *« J'ai 4 billes dans la poche, j'en rajoute 5. Combien en ai-je maintenant dans la poche ?*
Quelle opération pourrait permettre de répondre à cette question ?
Trouvez d'autres histoires où l'on pourrait écrire cette opération. »

• *« Je suis sur le nombre 6 de la bande numérique, je lance le dé qui marque 3. Sur quelle case vais-je me retrouver ?*
Quelle opération pourrait permettre de répondre à cette question ?
Trouvez d'autres histoires où l'on pourrait écrire cette opération. »

• *« J'avais 6 billes dans la poche avant la récréation, maintenant j'en ai 10. Que s'est-il passé ?*

Quelle opération pourrait permettre de répondre à cette question ?
Trouvez d'autres histoires où l'on pourrait écrire cette opération. »

C'est en faisant réfléchir les élèves sur les liens entre des situations, des programmes opératoires et des phrases mathématiques qu'on leur fait prendre conscience qu'une situation peut s'écrire sous la forme d'une relation entre les nombres qui mettent en jeu une opération, mais que cette relation peut en plus correspondre à plusieurs situations.

Progression dans l'approche des problèmes

Au cours du premier trimestre, les « problèmes » seront proposés en lien avec la progression.

Lors de l'introduction de la lettre x

• Recherche de x nombre de billes gagnées à la récréation (état final ou transformation).
• Recherche de x nombre d'euros dépensés dans un magasin.

Lors de la construction des maisons des nombres 6, 7, 8 et 9

• Recherche de x : nombre d'années pour qu'un enfant ait 9 ans.
• Recherche de x : nombre de cases entre 5 et 8.

Lors de l'apprentissage des trios à 10

• Recherche de x : nombre de doigts à ajouter à 7 pour faire 10.
• Recherche de x : nombre total des doigts de chaque main.

À chaque fois, le maître expose la situation et demande un programme opératoire qui lui correspond. Dans un premier temps, le résultat des opérations n'est pas demandé car ce n'est pas l'objectif premier. Sinon, les élèves porteront trop d'importance au résultat, au détriment du sens des opérations ou du programme opératoire qu'ils effectuent.

Ces situations, résolues le plus souvent à l'oral, permettent d'aborder très rapidement sur de petits nombres les différentes possibilités du champ conceptuel additif et donc d'y associer des programmes opératoires équivalents mais qui diffèrent quant à leur présentation. Par exemple :
« *J'avais 6 billes dans la poche avant la récréation, maintenant j'en ai 10.* »

$$6 + x = 10 \text{ ou } 10 - 6 = x$$

À chaque fois, le maître demande un programme qui utilise x : ce que l'on cherche. Les élèves doivent d'abord définir ce que sera x (ici les billes gagnées à la récréation), puis expliquer leur programme :
$6 + x = 10$: « *J'avais 6 billes plus les* x *que j'ai gagnées, ça fait 10.* »
$10 - 6 = x$: « *Maintenant, j'ai 10 billes moins les 6 billes que j'avais avant la récréation, je trouve celles que j'ai gagnées pendant la récréation.* »

L'intérêt de cette activité consiste à favoriser un apprentissage permettant aux élèves de transformer la représentation immédiate du problème. Cette façon d'aborder les problèmes permet de voir les élèves évoluer dans leur choix des programmes opératoires. Ils privilégient au départ la chronologie du problème, puis, petit à petit, les opérations où ils se sentent plus à l'aise pour trouver le résultat : addition ou soustraction plutôt qu'addition à trous. Ils apprennent ainsi à procéder à des basculements de significations.

Dès le début de l'année, le maître travaillera aussi le choix des données à utiliser.

Oralement, l'enseignant énonce une situation. Une liste de nombres est notée au tableau. Les élèves doivent choisir entre les nombres proposés pour écrire leur programme opératoire. Par exemple, 8, 7, 3, x et 9 sont écrits au tableau. Le maître énonce :

• *« À neuf heures, j'avais 7 bonbons dans ma poche. À la récréation, j'en ai mangé 3.*
Qu'est-ce qu'on pourrait chercher ?
Quel programme opératoire correspond à cette situation ? »

• *« Ce matin, j'ai fait 8 kilomètres à vélo, 3 kilomètres à cheval et 9 kilomètres en voiture.*
Qu'est-ce qu'on pourrait chercher ?
Quel programme opératoire correspond à cette situation ? »

• *« Ma sœur a 3 ans, mon frère a 9 ans.*
Qu'est-ce qu'on pourrait chercher ?
Quel programme opératoire correspond à cette situation ? »

Pour chacune des situations, les programmes opératoires sont proposés après que x, le nombre recherché, a été bien défini.

Très tôt, dès la fin du premier trimestre, le maître fera associer le programme opératoire à un trio comportant x, puis, petit à petit, l'utilisation du trio va faciliter la représentation du problème et sa résolution. Une fois le trio posé, les élèves passent plus aisément aux calculs sur les nombres.
Ce mode de fonctionnement désoriente un peu les élèves en début d'année, ils sont plus préoccupés par le résultat. Le fait de les amener à définir ce qu'ils cherchent, puis d'y associer un programme opératoire ou un trio (s'il n'y a que deux données), les oblige à s'interroger véritablement sur la situation de départ et à prendre conscience que c'est elle qui détermine le programme opératoire, sa forme et les signes à utiliser.

Exemple :
« Il y a 11 filles dans la classe et 23 élèves en tout.
Que peut-on chercher ? »

- Réponse attendue : le nombre de garçons *(x)*.
- Programme opératoire : $11 + x = 23$.
- Trio associé :

<table><tr><td colspan="2">23</td></tr><tr><td>11</td><td>x</td></tr></table>

ou

<table><tr><td>11</td><td>x</td></tr><tr><td colspan="2">23</td></tr></table>

- Les élèves sont habitués à associer quatre opérations à ce trio :

$11 + x = 23$
$x + 11 = 23$
$23 - x = 11$
$23 - 11 = x$

Ils choisiront l'opération qui leur semble la plus aisée à calculer ou à utiliser dans le tableau de nombres de 0 à 100 :
– l'addition à trous : *« De combien j'avance dans le tableau de nombres pour passer de 11 à 23 ? »* ;
– la soustraction : *« Je dois reculer de 11 dans le tableau. »*

Inversement, le maître proposera aux élèves des programmes opératoires et leur demandera de trouver des situations et des questions qui y correspondent.

Exemples :
$8 + 7 = x$
$5 + 3 + 4 = x$
$2 + x = 9$

C'est grâce à l'analyse de leurs énoncés que l'enseignant pointera le mieux les représentations erronées que les élèves peuvent avoir des situations de départ.

Le fait de travailler en début d'année sur de petits nombres permet à l'enseignant de gérer les problèmes de lecture et de vocabulaire. Très souvent, l'écriture des programmes opératoires permet de multiplier les problèmes proposés aussi bien dans leur forme que dans leur présentation et leur résolution.

Dès que le nombre inconnu x a été défini et que le programme opératoire a été établi, le maître fait prendre conscience aux élèves que les calculs ne sont plus qu'un travail sur les nombres eux-mêmes et que, par exemple : $7 + x = 12$ correspond à la soustraction $12 - 7 = x$ (notion travaillée lors de l'appropriation des trios). Les élèves utilisent alors la bande numérique ou la calculatrice pour réaliser ces calculs et répondent oralement à la question posée.

Dans un second temps, au deuxième trimestre, il s'agit d'étudier le genre « problème mathématique » qui est spécifique au travail scolaire :
– un début d'histoire somme toute très banale, mais qui souvent comporte des nombres ;
– une seconde partie avec un incident, un accident ou un élément qui va opérer une transformation et qui elle aussi comporte très souvent des nombres ;
– une question qui attend une réponse.

À partir d'une série de problèmes tirés de manuels ou de fichiers existants, le maître demande aux élèves de retrouver ces trois parties. Ensuite, il justifie le passage à l'écrit ainsi que ses exigences dans le cadre de l'activité de résolution de problème : *« Je dois savoir si tu sais choisir la bonne opération, si tu sais écrire cette opération en ligne, si tu sais calculer cette opération en ligne ou en colonne et, enfin, si tu sais répondre à la question posée par une phrase simple. »*

Comme au premier trimestre, le maître donnera des problèmes avec des choix d'opérations, de phrases mathématiques comportant la lettre x comme représentant le nombre inconnu du problème. L'élève aura uniquement à choisir la bonne opération, la bonne phrase mathématique parmi plusieurs proposées par l'enseignant.
Ensuite, le maître demandera à l'élève de trouver les données dans l'énoncé et d'écrire la « bonne » opération ou le programme opératoire.

Enfin, le maître demandera une rédaction de la solution selon le modèle suivant :
1. Programme opératoire.
2. Opération(s).
3. Réponse.

Parallèlement, en production d'écrit, l'enseignant donnera un programme opératoire du type $15 + 26 = x$ ou $54 - 23 = x$, et demandera aux élèves de produire un énoncé de problème avec une mise en forme adéquate : texte plus question.
Chaque énoncé sera lu et la classe validera ou non les énoncés proposés.

Il est primordial, lors des séances au cours desquelles le maître propose aux élèves des situations-problèmes, de définir les objectifs :
– choix de la bonne opération ;
– problèmes de recherche (problèmes ouverts pour lesquels une procédure n'est pas plus recherchée qu'une autre) ;
– problèmes d'application où l'on travaillera plutôt l'automatisation d'une procédure ou d'une présentation de résolution ;

– situations de recherche où la résolution d'un problème va amener l'ensemble des élèves de la classe à prendre conscience que les connaissances du groupe sont insuffisantes ou, en tout cas, trop longues à mettre en œuvre, ou perfectibles, pour résoudre cette situation et qui déboucheront sur la découverte d'une nouvelle notion.

De même, il est très important pour le maître de connaître les opérations mentales que ses élèves vont devoir mettre en œuvre pour résoudre un problème afin d'être sûr qu'ils n'en privilégient pas une par rapport aux autres. Même si le programme opératoire du problème est 45 + 27, cette opération peut représenter la solution de situations-problèmes très différentes. L'objectif du maître est bien entendu de mettre ses élèves face à toutes les situations dont cette opération est la solution, même si les enfants n'établissent pas de manière explicite la différence entre une composition d'états et une transformation d'état. En effet, 45 + 27 = 72 correspond aux deux énoncés suivants :

• *« Papa a 45 poules noires et 27 poules blanches. Combien en a-t-il en tout ? »* (Réunion des cardinaux de deux ensembles.)

Composition d'états dans la classification de Gérard Vergnaud (voir p. 213) : 45 + ? = 72, 27 + ? = 72, 45 + 27 = ?

• *« Papa a 45 ans. Quel âge aura-t-il dans 27 ans ? »* (Avancer sur la bande numérique/surcomptage.)

Transformation d'un état dans la classification de Gérard Vergnaud : recherche de l'état final 47 + 25.

Remarques

La classification de Gérard Vergnaud permet à l'enseignant de diversifier les problèmes :

1. Composition de deux états : recherche de la valeur d'un des deux états initiaux ou du tout.

2. Transformation d'un état : recherche de la valeur de l'état final, ou de l'état initial, ou de la transformation positive ou négative.

3. Comparaison de deux états : recherche de la valeur de l'un des deux états référents ou référés, soit de la comparaison.

4. Composition de transformations : recherche de l'une des transformations ou de la composition de plusieurs transformations successives, positives ou négatives.

Cette catégorisation permet au maître de ne pas spécialiser ses élèves dans un schéma plus qu'un autre.

Deuxième partie

PROGRESSION DE CYCLE : TRAME ET SITUATIONS D'APPRENTISSAGE AU CE1

Progression sommaire des activités numériques au CE1

Le début de la trame d'apprentissage du CE1 reprend les éléments principaux de la trame du CP. La première période doit permettre au maître d'intégrer les nouveaux élèves qui n'ont pas suivi la progression du CP l'année précédente. Le début d'année est donc l'occasion de présenter les outils utilisés au CP : la bande numérique, le tableau de nombres, le codage des unités et des dizaines, l'explication des stratégies de calcul réfléchi abordées au CP, les trios de nombres (en particulier ceux du 10), les outils indispensables au calcul et à la résolution des problèmes.

Période 1 : de septembre à la Toussaint

Numération

• Réactivation des connaissances portant sur les nombres de 0 à 100 : écriture en chiffres et en lettres, décomposition, rangement, intercalation, placement sur la droite numérique (plus particulièrement l'intervalle 60-100).

Calcul

• Calcul réfléchi : réactivation des connaissances concernant les trios de nombres, les décompositions du nombre 10, les doubles et l'addition de dizaines pleines.

Problèmes

- Ajouter/enlever.
- Avancer/reculer.
- Réunir/séparer.
- Donner le programme opératoire en utilisant x, le nombre inconnu.

Période 2 : de la Toussaint à Noël

Numération

• Les nombres de 0 à 999 : groupement, échange, codage, représentation, décomposition, écriture et rangement.

Calcul

• Calcul réfléchi :
– utiliser le tableau des nombres de 1 à 100 pour calculer des sommes, des écarts et des différences ;
– passer par la dizaine supérieure.
• Calcul instrumenté : utiliser la calculatrice pour effectuer des calculs et pour vérifier le résultat.
• Calcul posé : l'addition à retenue et l'addition à trous sur les nombres à 3 chiffres.

Problèmes

- Ajouter/enlever.
- Avancer/reculer.
- Réunir/séparer.
- Donner le programme opératoire en utilisant x, le nombre inconnu.
- Donner le résultat et vérifier à la calculatrice.
- Écrire une phrase réponse.

Période 3 : de Noël à février

Numération

Les nombres de 0 à 999 : groupement, échange, codage, représentation, décomposition, écriture, rangement, intercalation, encadrement à l'unité près, à la dizaine près et à la centaine près, placement de nombres sur la droite numérique ou sur une droite graduée.

Calcul

- Calcul instrumenté : utiliser les touches M+, M– et MR pour résoudre des problèmes du champ conceptuel additif.
- Calcul : introduction et justification du signe × de la multiplication.
- Calcul réfléchi : conservation d'un écart sur la droite numérique et calcul par conservation de l'écart.

Problèmes

- Problèmes du champ conceptuel additif.
- Premiers problèmes du champ conceptuel multiplicatif.

Période 4 : de février à Pâques

Numération

• Les nombres de 0 à 999 :
– reprise des notions, des propriétés et des savoir-faire des périodes 1 à 3 ;

– approche et utilisation de la distributivité de la multiplication par rapport à l'addition.

Calcul

• Calcul instrumenté : utilisation de la fonction répétitive de la touche = avec + et –.
• Calcul réfléchi : calcul par conservation de l'écart sur la droite numérique et sur le tableau des nombres de 1 à 100.
• Calcul en ligne : la multiplication avec un chiffre au multiplicateur et décomposition du « multiplicande ».
• Apprentissage des tables de multiplication par 2, par 5 et par 10.

Problèmes

• Problèmes relatifs aux trois opérations connues.

Période 5 : de Pâques à juin

Numération

• Dépasser 1 000.

Calcul

• Calcul réfléchi : utiliser les propriétés de la multiplication pour calculer certains résultats.
$d \times (a + c) = d \times a + d \times c$ (distributivité de la multiplication par rapport à l'addition).
• Calcul posé : technique opératoire de la multiplication à un chiffre.
• Apprentissage des tables de multiplication par 2, par 5, par 10, par 4 et par 3.

Problèmes

• Problèmes concernant les trois opérations.
• Premiers problèmes de partage modélisés par $a = b \times q + r$.

Matériel utilisé pour les activités numériques

Pour chaque élève :

– une bande numérique de 1 à 20 avec un curseur ;
– des carrés unités (format : 1 cm × 1 cm), des bandes dizaines (format : 10 cm × 1 cm) et des plaques centaines (format : 10 cm × 10 cm) ;
– un tableau des nombres de 1 à 99.

Pour la classe :

– une bande numérique de 1 à 22 avec un curseur (format 1,5 cm × 12 cm) ;
– une bande numérique de 1 à 100 affichée au-dessus du tableau ;
– des dés traditionnels à points ;
– des dés avec des faces en ardoise sur lesquelles on peut noter à la craie des chiffres ou des constellations ;
– un tableau aimanté des nombres de 1 à 100 ;
– les trios du nombre 10 (plastifiés) :

10	
9	1

10	
8	2

10	
7	3

10	
6	4

10	
5	5

Remarque

Chaque séance de mathématiques commence systématiquement par un moment de « gymnastique » avec les nombres. Ce moment a un objectif différent chaque jour afin de préserver son aspect ludique. Il prend différentes formes selon l'objectif du jour : oral, procédé La Martinière (PLM), écrit, par deux, individuel...
Ce moment peut prendre le nom de « voyage au pays des nombres ».

CE1 : période 1

9

Numération
- Réactivation des connaissances portant sur les nombres de 0 à 100 : écriture en chiffres et en lettres, décomposition, rangement, intercalation, placement sur la droite numérique (plus particulièrement l'intervalle 60-100).

Calcul
- Calcul réfléchi : réactivation des connaissances concernant les trios de nombres, les décompositions du nombre 10, les doubles et l'addition de dizaines pleines.

Problèmes
- Ajouter/enlever.
- Avancer/reculer.
- Réunir/séparer.
- Donner le programme opératoire en utilisant *x*, le nombre inconnu.

Le début d'année correspond à une réactivation des connaissances de la fin du CP. On propose donc aux élèves des exercices et des problèmes du troisième trimestre du CP (voir pp. 126-129).
Le rythme de travail sera plus soutenu, le travail en autonomie plus important (surtout s'il s'agit d'une classe à plusieurs cours avec un CP qui est très demandeur de temps passé avec l'enseignant en début d'année). Il y aura donc plus d'exercices écrits de type calcul rapide (réfléchi ou pas) sur feuille avec confrontation des résultats par groupes de deux, par exemple : *« Ajoute 9 à tous ces nombres et compare les résultats que tu obtiens avec ceux de ton voisin. »*

Numération

Dans le cadre de la numération, le maître proposera les exercices classiques d'écriture de nombres en chiffres et en lettres, de rangement, d'encadrement en privilégiant cependant la zone de 60 à 100, qui est celle qui pose encore quelques problèmes en début d'année à certains élèves. Comme pour le CP, les outils (droite numérique et tableau de nombres) seront à la disposition des élèves mais avec comme challenge de s'en servir le moins possible.

Pendant cette période, il n'y a pas d'apprentissage de nouvelles notions, mais plutôt un entraînement à utiliser ce que l'on sait déjà, ce que l'on a appris l'année précédente. Le maître en profite pour passer plus de temps avec les élèves les plus faibles, quitte à être plus transmissif afin que ces élèves plus fragiles prennent confiance en eux face aux activités proposées. Le caractère répétitif des exercices est volontaire. Face à des exercices déjà rencontrés, les élèves en difficulté se sentent plus à l'aise, donc rassurés. Sans l'obstacle de la représentation de la tâche à construire, ces élèves prennent du plaisir à faire des exercices qu'ils dominent.

Calcul

Le moment de gymnastique mathématique (le « voyage au pays des nombres ») est toujours présent, mais pas forcément en début de séance.

Le maître proposera des exercices concernant :
– les doubles des nombres de 0 à 10 et les doubles de 25 et de 50 pour calculer : 28 + 28 = 20 + 20 + 8 + 8 = 40 + 16 = 56 ;
– les trios : d'abord ceux du nombre 10, puis les trios de nombres quelconques pour activer les relations qui lient dans ce cas les trois nombres avec la possibilité d'écrire quatre phrases mathématiques (24 + 12 = 36 ; 12 + 24 = 36 ; 36 – 12 = 24 ; 36 – 24 = 12) ;
– les égalités avec recherche de l'inconnu x du type : $24 + x = 38$;
– les phrases mathématiques possibles à partir de symboles de nombres (x, 12), d'opérations (+, –) et de relations (=, <, >), par exemple : x, 15, +, = et 12.

Problèmes

Dans le cadre de la résolution de problèmes, le maître demandera les programmes opératoires de nombreux problèmes du champ conceptuel additif afin de réactiver le sens des opérations. Ces problèmes ne contiendront aucune difficulté de lecture au niveau de l'énoncé, la situation sera facile à se représenter et sera commune à plusieurs problèmes.

Au cours de cette période, le maître se donnera donc pour objectif de proposer aux élèves un très grand nombre de problèmes, en prenant soin de diversifier les programmes opératoires (ou plutôt les différentes phrases mathématiques représentant les problèmes) : $a + b = x$, $a + x = b$, $x + a = b$, $a - b = x$, $a - x = b$, $x - a = b$.
Il apparaît plus important de donner 10 petits problèmes pour lesquels les élèves devront donner très rapidement, en autonomie, les 10 programmes opératoires sans phrase réponse, que de faire un ou deux problèmes avec des difficultés de lecture d'énoncés et de représentation de la situation.

Pour pouvoir maîtriser des problèmes de recherche plus complexes, il convient de vérifier par ces séries de problèmes basiques que le sens des opérations est bien acquis. L'avantage de cette activité est qu'elle peut se répéter plusieurs fois sur la période car elle ne demande pas beaucoup de temps (elle peut même être menée avec l'ardoise, le maître énonçant le problème). De plus, elle permet aux élèves de prendre de plus en plus d'assurance face à cette activité.

Comme pour le CP, cette période doit être vécue comme un moment de consolidation des acquis de l'année précédente : l'automatisation des outils, des procédures de calcul réfléchi, de choix entre les signes + et –, de correspondance entre $a + b = c$ et $c - a = b$, d'utilisation des nombres sous toutes leurs formes... afin que les élèves prennent du plaisir à manier les outils mathématiques et surtout qu'ils les dominent grâce aux exercices variés qui leur sont proposés (même s'ils sont répétitifs) pour favoriser cette aisance.

CE1 : période 2

10

Numération
- Les nombres de 0 à 999 : groupement, échange, codage, représentation, décomposition, écriture et rangement.

Calcul
- Calcul réfléchi :
  – utiliser le tableau des nombres de 1 à 100 pour calculer des sommes, des écarts et des différences ;
  – passer par la dizaine supérieure.
- Calcul instrumenté : utiliser la calculatrice pour effectuer des calculs et pour vérifier le résultat.
- Calcul posé : l'addition à retenue et l'addition à trous sur les nombres à 3 chiffres.

Problèmes
- Ajouter/enlever.
- Avancer/reculer.
- Réunir/séparer.
- Donner le programme opératoire en utilisant x, le nombre inconnu.
- Donner le résultat et vérifier à la calculatrice.
- Écrire une phrase réponse.

C'est au cours de cette période que le passage de la centaine sera véritablement étudié, même s'il a déjà été abordé en fin de CP et au début du CE1 grâce à la suite numérique (98, 99, 100, 101, 102, 103...).

Les exercices sur les nombres ne seront jamais associés à des situations concrètes ou à des situations de jeu (du type commande de boîtes de dix fromages, emballage de livres par paquets de dix livres, boîtes de dix billes rangées dans des valises contenant dix boîtes, etc.). **Ces situations retardent davantage la compréhension du système décimal qu'elles n'aident à donner du sens.** Les élèves s'approprient plus rapidement le sens de la numération décimale, c'est-à-dire la cohérence des règles du système, lorsqu'on les confronte directement à la compréhension du système de numération écrit existant. Les activités proposées auront donc pour support les nombres en tant que tels, et comme objectif l'utilisation de ces nombres en tant qu'objets et outils purement mathématiques. Ces outils seront alors utilisés pour résoudre des problèmes.

L'appropriation des nombres à trois chiffres s'effectuera sans découpage artificiel de 100 à 500, puis de 500 à 900, comme dans de nombreux manuels scolaires.

Numération

Groupement/échange : 10 d → 1 c

Situation

Cette situation donne lieu à une activité d'ajouts de dizaines pleines avec le matériel des bandes de dizaines.
Le maître demande de matérialiser des sommes du type 20 + 30 ou 40 + 20. Par exemple, avec 20 + 30 :

I I		I I I		I I I I I
20	+	30	=	50

Le maître traduit alors ces représentations dans un tableau dizaines/unités :

d	u
5	0

Il réitère plusieurs fois cette activité. Puis il demande aux élèves de proposer à leur tour des additions de dizaines pleines. À un moment donné, les élèves proposent eux-mêmes des sommes supérieures à 100.

• Si la somme proposée a pour résultat 100 : le nombre 100 est connu des élèves car il est utilisé depuis le CP (c'est le dernier nombre du tableau de nombres, le dernier terme de la comptine des « gares » : 10, 20, 30, 40... 90, 100). Le nombre est reconnu de manière « globale », il n'est pas perçu comme le groupement de dix dizaines qui forment une centaine. Les élèves savent donc écrire 100. C'est lors de l'écriture de 100 dans le tableau des dizaines et des unités qu'ils hésitent. Le maître propose alors de continuer avec d'autres exemples.

• Lorsque la somme est supérieure à 100, par exemple : 70 + 60.
Les élèves matérialisent les sommes sur chaque table :

I I I I I I I		I I I I I I		I I I I I I I I I I I I I
70	+	60	=	?

Le maître demande alors aux élèves (individuellement ou par groupes de deux) d'écrire le nombre de dizaines pleines du résultat. On obtient :

d	u
13	0

L'enseignant pose alors la question : *« Connaissez-vous ce nombre ? »*
Certains élèves connaissent déjà la dénomination du nombre 130. S'ils se sentent capables d'exposer à leurs camarades pourquoi ce nombre

s'appelle « cent trente », le maître les invite à donner une explication. On obtient le plus souvent deux types d'explications :
– *« C'est cent trente parce que je le sais. »*
– *« C'est cent trente parce que le 1 c'est cent et qu'après on voit trente. »*
Dans les deux cas, les élèves ont recours aux bandes dizaines et le maître demande de matérialiser le 3 du nombre 130 du tableau des dizaines et des unités rempli précédemment. On obtient :

III		IIIIIIIIII
30	+	100 ou 10 dizaines

L'équivalence entre 10 dizaines et 100 est donc établie.

• Rappel du maître : *« Que faisions-nous l'an passé lorsque nous devions écrire le nombre de points ou d'étoiles d'une collection ? »* (Le maître dispose des semis d'étoiles ou de points du CP.)
Réponse attendue : *« Nous faisions des paquets de 10 : 10 u → 1 d. »*
« Qu'allons-nous faire des 10 dizaines ? »
Réponse attendue : *« Un paquet de 100. »*

Sur chaque table, les élèves rapprochent les 10 dizaines pour obtenir un carré de 10 × 10. Le maître présente alors les carrés centaines et donne le terme « centaine » :

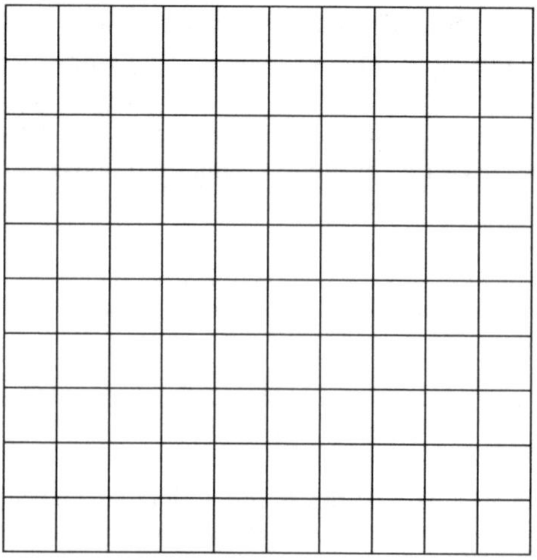

Enfin, l'enseignant nomme le nombre et la façon dont on le lit : on ne dit pas « un cent » mais « cent ».

Remarque
Si la classe est une classe à plusieurs niveaux, les élèves, qui ont entendu les élèves du CE1 de l'année précédente utiliser le terme « centaine », pro-

posent dès le début de la séance le mot « centaine » même si la notion de groupement 10 d → 1 c n'est pas intégrée.
Il convient donc de passer par cette phase pour s'assurer que les élèves ont bien intégré la notion de centaine comme un regroupement de 10 dizaines.

Le maître corrige alors le tableau des dizaines et des unités en ajoutant la colonne supplémentaire des centaines. Il ajoute également une ligne afin de figurer le codage de la centaine qui servira ensuite pour représenter les nombres à trois chiffres sous leur forme codée :

□	|	▫
c	**d**	**u**
1	3	0

Renforcement de la notion

Afin de bien ancrer la signification du groupement/échange 10 d → 1 c, ainsi que ses différentes traductions, le maître proposera aux élèves, à la suite de la séance, des exemples portant exclusivement sur des nombres avec des dizaines pleines. Selon le même schéma de séance qu'au CP lors du groupement/échange 10 u → 1 d, le maître propose des sommes telles que 70 + 80, 80 + 60, 50 + 90... Les élèves échangent les paquets de 10 dizaines contre 1 centaine.
Les manipulations se font à deux pour chaque somme par groupement/échange et les élèves remplissent le tableau de nombres des centaines, des dizaines et des unités ensemble afin de bien nommer les nombres obtenus sous toutes leurs représentations. Par exemple, pour 150 :
- 150 ;
- une centaine, cinq dizaines et zéro unité ;
- 100 + 50 (cent plus cinquante) ;
- se lit : $\underbrace{1}_{\text{cent}}\ \underbrace{50}_{\text{cinquante}}$

En fin de séance, le maître propose des défis par groupes de deux avec le matériel (dizaines/centaines), puis sans matériel mais avec le cahier ou l'ardoise. Les élèves doivent procéder aux groupements/échanges, écrire le nombre dans le tableau des centaines, des dizaines et des unités, écrire le nombre en lettres et, enfin, écrire le nombre sous une forme additive. Par exemple :
$50 + 50 + 60 + 60 + 60 + 40 + 60 = x$
$60 + 60 + 40 + 30 + 30 + 90 + 50 = y$

Remarque
La progression d'apprentissage des nombres à trois chiffres est donc la même que celle des nombres à deux chiffres, mais sans les difficultés liées à l'apprentissage des nombres irréguliers de 11 à 16 et des nombres compris

entre 70 et 90. Après 100, la numération étant régulière, cet apprentissage ne pose pas de réelles difficultés aux élèves à condition que la numération de position soit bien maîtrisée par eux en ce qui concerne les nombres jusqu'à 100 : l'apprentissage de la numération de position est un aspect clé du CP.

Les nombres à trois chiffres

Lecture

Le premier aspect à travailler dès que les élèves abordent les nombres à trois chiffres est la façon de les lire : *« On nomme le nombre de centaines, puis on y accole le nombre à deux chiffres composé du chiffre des dizaines et suivi du chiffre des unités. »*

L'apprentissage de cet automatisme fera l'objet des débuts de séances qui suivront l'introduction de la centaine :
– tout d'abord sous la forme de la lecture de nombres à trois chiffres sans le support du matériel, ni du tableau des centaines, des dizaines et des unités. Les élèves doivent lire, par exemple :

325 654 923 847 237 589

– puis, quand la lecture des nombres à trois chiffres est bien acquise, sous la forme de dictée de nombres afin d'éviter l'erreur de transcription du nombre 754 en 700 54, par exemple.

Écriture

Dès la deuxième séance sur l'étude des nombres à trois chiffres, le maître donnera le même type d'exercices que ceux proposés au CP. Le recours au matériel unités/dizaines/centaines ne se fera que très rarement ou sous forme ludique pour varier les exercices d'entraînement.
Afin de vérifier que la numération de position est bien intégrée, les exercices suivants seront proposés sur toute la période avec une évolution des variables didactiques (nombre de nombres proposés, nombres avec des zéros, taille des nombres).

Exercice 1
Écris les nombres suivants.

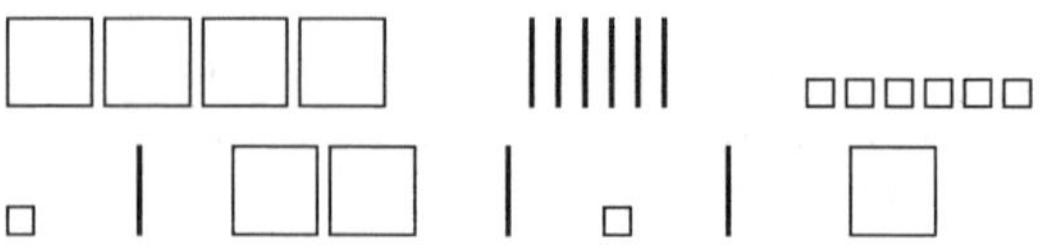

→ ....

→ ....

Exercice 2
Code les nombres suivants avec □, | et □.
246 : 201 :
357 : 450 :

Exercice 3
Écris les nombres suivants.
8c 5d 9u : ....
5c 6d 7u : ....
3c 6u : ....
7c 6d : ....
5u 2c 6d : ....
5d 2u 3c : ....

Le maître propose ensuite dans la progression les exercices classiques de décomposition des nombres.

Exercice 4
Décompose les nombres comme le modèle : 546 = 500 + 40 + 6.
671 : ....
589 : ....
159 : ....
604 : ....
780 : ....

Exercice 5
Complète les additions.
459 = 400 + ... + 9
246 = 6 + 200 + ...
642 = ... + ... + 600

Passage à la centaine supérieure

L'aspect à travailler plus particulièrement avec les élèves est le passage à la centaine supérieure et surtout les nombres qui suivent immédiatement après une centaine (les neuf premiers nombres qui suivent une centaine pleine), par exemple : 498, 499, 500, 501, 502, 503 ou 798, 799, 800, 801, 802, 803.

Si les passages de 499 à 500, de 699 à 700 et de 899 à 900 se font assez naturellement une fois qu'ils ont été spécifiés et travaillés (avec le matériel et l'échange après ajout d'une unité), il n'est pas rare de voir quelques élèves proposer des suites numériques du type : 498, 499, 500, 600, 700, 800, reproduisant ainsi l'algorithme de la comptine numérique un doigt, deux doigts, trois doigts... Pour éviter la persistance de cette erreur, on commencera par observer la fin de la suite numérique des nombres de 0 à 100 et on la complétera jusqu'à 120 en rappelant que compter c'est ajouter 1 (une unité) et on fera un parallèle pour 200, puis 300...

Comme pour beaucoup de notions de numération, c'est dans la répétition et l'utilisation de ces nombres que l'acquisition se stabilise. Pour cela, la séance de gymnastique mathématique journalière contiendra systématiquement des entraînements du type :

- compter de 2 en 2 de 690 à 710 ;
- compter de 5 en 5 de 385 à 415 ;
- compter de 10 en 10 de 260 à 520 ;
- compter de 290 à 315 ;
- décompter de 514 à 489.

Rangement des nombres

Le rangement des nombres de 0 à 999 pourra être abordé de manière traditionnelle. L'élaboration par les élèves eux-mêmes de la règle à appliquer pour ranger ces nombres est la meilleure évaluation du travail réalisé précédemment en numération.
Pour ranger deux nombres à trois chiffres, on observe d'abord les centaines : celui qui en a le plus est le plus grand. Si le chiffre des centaines est le même, on observe le chiffre des dizaines : celui qui en a le plus est le plus grand. Si les chiffres des centaines et des dizaines sont identiques, on observe les unités : celui qui en a le plus est le plus grand.

Situation 1

Le maître donne trois chiffres au tableau : 4, 7 et 6. Les élèves travaillent seuls.

Consigne 1
Trouve tous les nombres de trois chiffres que tu peux écrire avec ces chiffres, puis écris-les sous une forme additive.

Si nécessaire, pour les élèves les plus faibles, le maître utilisera la forme codée c/d/u (□, | et □) pour permettre de mieux percevoir visuellement les quantités.

Les résultats sont mis en commun.
Réponses attendues : 764, 467, 647, 476, 746, 674.
764 = 700 + 60 + 4
467 = 400 + 60 + 7
647 = 600 + 40 + 7
476 = 400 + 70 + 6
746 = 700 + 40 + 6
674 = 600 + 70 + 4

Consigne 2
Par groupes de deux, rangez les six nombres obtenus du plus petit au plus grand et expliquez comment vous faites.

La mise en commun montre que le plus difficile pour les groupes n'est pas de ranger les nombres mais d'expliquer la règle. Ensemble, et en se servant des procédures utilisées (soit à partir de la décomposition, soit à partir des nombres à trois chiffres), on formalise la règle pour ranger des nombres à trois chiffres.

Situation 2

Dans les séances suivantes, l'enseignant reprendra le même exercice avec des consignes un peu différentes.

Consigne 1
Trouve tous les nombres de 1, 2 ou 3 chiffres (sans répéter le même chiffre) que tu peux écrire avec les chiffres suivants : 9, 5 et 2. Range-les ensuite du plus petit au plus grand.

Consigne 2
Trouve le plus de nombres possibles de 1, 2 ou 3 chiffres (tu peux répéter le même chiffre) que tu peux écrire avec les chiffres suivants : 7, 3 et 4. Range-les ensuite du plus petit au plus grand.

À la suite, le maître proposera des exercices d'entraînement du type : trouver le nombre qui suit, qui précède... Ces exercices ne sont pas à négliger surtout sur les intervalles de nombres qui encadrent les centaines pleines.

La différenciation entre un chiffre et un nombre

Afin de travailler aussi la différence entre le chiffre des dizaines et le nombre de dizaines, le maître abordera sur cette période des séances de groupement/échange inversé.

Situation

Les élèves sont regroupés par deux.
Avec le matériel des centaines, des dizaines et des unités, les élèves doivent représenter le nombre 324.

□	|	▫
c	**d**	**u**
3	2	4

Le maître et les élèves vérifient ensemble que chaque groupe a bien aligné 3 centaines, 2 dizaines et 4 unités.
Le maître annonce ensuite qu'aujourd'hui il ramasse toutes les centaines et qu'il est prêt à faire des échanges. Les élèves échangent donc chaque centaine contre un paquet de 10 dizaines. Lorsque les échanges sont terminés, ils comptent le nombre de dizaines : 32.

Le maître propose ensuite un autre nombre et note à chaque fois le nombre de dizaines obtenues à côté du tableau des centaines, des dizaines et des unités.

□	|	▫		
c	**d**	**u**		
3	2	4	→	32 d
2	7	3	→	27 d
5	9	1	→	59 d

Le maître propose d'observer le tableau et de rechercher une explication. Si les élèves découvrent rapidement l'explication, on remplace :
- 3c par 30d, donc il y a 32d dans 324 ;
- 2c par 20d, donc il y a 27d dans 273 ;
- 5c par 50d, donc il y a 59d dans 591.

Toutefois, le problème de la confusion entre le nombre et le chiffre persiste souvent très longtemps chez certains élèves. C'est la raison pour laquelle le maître emploiera toujours la formule : *« Donne le nombre de dizaines de 359, c'est-à-dire combien peut-on avoir de dizaines dans 359 ? »*

On recommence le même exercice sans l'aide du matériel en demandant systématiquement l'explication : *« Il y a 45 dizaines dans 458 car je fais 40 dizaines avec les 4 centaines, plus les 5 dizaines, ça fait 45. »*

Cet exercice sera repris toute l'année, régulièrement, car la confusion entre le chiffre et le nombre au niveau du vocabulaire persiste chez certains élèves alors qu'ils ont compris la différence qui existe au niveau de la notion.

Remarques
• Pour déterminer le nombre de dizaines, les élèves pourront expliciter et appliquer un savoir-faire : repérer le chiffre des dizaines, puis déterminer le nombre de dizaines. Par exemple, pour donner le nombre de dizaines du nombre 432, on repère le chiffre des dizaines : 3. Le nombre de dizaines est obtenu en coupant le nombre après le chiffre des dizaines : dans 43|2, il y a 43 dizaines.
• Une deuxième règle fondée sur la recherche du « nombre de » pour comparer deux nombres peut être mise en évidence et énoncée par les élèves : *« Pour comparer deux nombres, on compare d'abord le nombre de centaines, puis le nombre de dizaines des deux nombres. »* Dans 440, il y a 44 dizaines. Dans 439, il y a 43 dizaines. 44 > 43, donc 440 est plus grand que 439.

Calcul

Dans le cadre d'une activité de calcul réfléchi, le parallèle entre le tableau de nombres de 0 à 100 et ceux de 100 à 200 ou de 200 à 300 se fait naturellement.
Pour calculer 224 + 36 ou 24 + 236, on calcule 24 + 36, puis on ajoute le nombre de centaines devant.
Comme lors de la 6e période du CP (ajout de dizaines pleines, voir p. 49), l'enseignant proposera aux élèves d'ajouter ou d'enlever des « centaines pleines » à un nombre donné en utilisant le tableau de nombres. Par exemple : 56 + 300, 256 + 400, 862 – 500.

Calcul réfléchi : passage à la centaine supérieure

Après une révision indispensable concernant le passage à la dizaine supérieure ou le calcul du complément à la dizaine supérieure sur les nombres de 0 à 100 (58 + 9 = 58 + 2 + 7 = 60 + 7 = 67 ; 58 + x = 60, x = 2), on s'intéresse au passage à la centaine supérieure (398 + 7).

Situation

En privilégiant le travail sur les nombres, et seulement sur les nombres, le maître demandera aux élèves de trouver et d'expliquer une méthode pour effectuer, par exemple : 398 + 7, 495 + 9, 597 + 4, 892 + 9.

Les élèves proposent deux méthodes pour calculer 398 + 7 :
– le surcomptage : 399, 400, 401, 402, 403, 404, 405 (procédure valide mais longue) ;
– 98 + 7 = 98 + 2 + 5 = 100 + 5 = 105, puis 300 + 105 = 405 (procédure attendue car les élèves viennent de travailler l'ajout ou le retrait de centaines pleines sur le tableau de nombres).

Afin de bien différencier les différentes étapes de la seconde procédure, le maître met à disposition des élèves le matériel des centaines, des dizaines et des unités pour traiter deux ou trois exemples. Par exemple, pour calculer 398 + 7 :
On commence par calculer 98 + 7 :

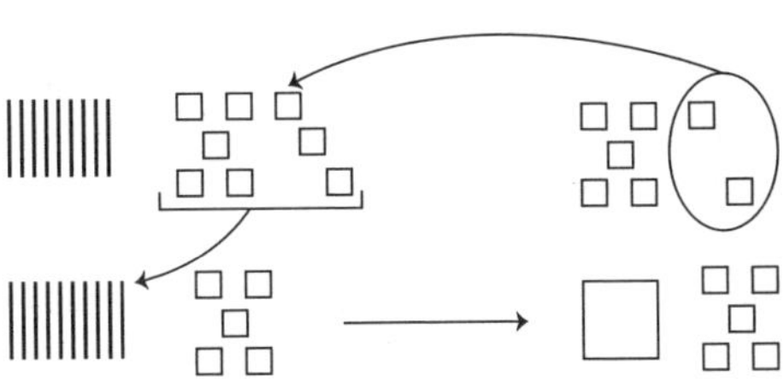

Donc 105

Puis 300 + 105 :

Après deux ou trois manipulations de ce type, le maître propose aux élèves de calculer sans matériel. Les élèves doivent, par exemple, effectuer ce calcul en ligne : 398 + 7 = 300 + 98 + 7 = 300 + 98 + 2 + 5 = 300 + 100 + 5 = 300 + 105 = 405.

Puis le maître propose de calculer plus rapidement : 398 + 7 = 398 + 2 + 5 = 400 + 5 = 405.

Il est nécessaire ensuite de proposer des exercices d'entraînement afin d'aboutir à une automatisation : passage par la centaine supérieure et le complément à la centaine supérieure, d'abord sur des compléments inférieurs à 10, puis sur tous les compléments. Par exemple :
297 + x = 300, x = ?
456 + x = 500, x = ?

Le tableau de nombres de 0 à 100 peut encore être mis à la disposition des élèves comme outil intéressant pour ces nouveaux calculs. Mais, très vite, le maître proposera aux élèves d'effectuer ces calculs de tête.
La recherche de ces exercices est tout à fait gérable par les élèves eux-mêmes si le moyen de vérification est la calculatrice. Les élèves corrigent seuls les exercices de calcul rapide et s'évaluent eux-mêmes.

Problèmes

Lors de cette période, le maître propose la résolution de problèmes dans le cadre du champ conceptuel additif en jouant sur des modifications concernant la catégorie du problème (état/transformation/état, composition de mesures, composition de transformations) et la place de l'inconnu dans la relation.
L'enseignant peut demander aux élèves d'associer un trio au problème, voire un « quatro » de nombres. Par exemple, dans le cadre de la résolution du problème suivant : « *J'ai 367 billes, j'en avais 315 ce matin, j'en ai gagné 17 à la récréation de ce matin et j'en ai encore gagné à la récréation de l'après-midi. Combien en ai-je gagné cet après-midi ?* », il est possible d'en donner une représentation sous la forme suivante :

367		
315	17	x

Ce tableau devient ensuite :

367	
332	x

Ce qui donne : $332 + x = 367$ ou $x = 367 - 332 = 35$.

Le maître demandera de plus en plus de rigueur dans la rédaction des réponses aussi bien concernant le programme opératoire (phrase mathématique), les phrases réponses que la vérification des calculs posés (grâce à la calculatrice).

CE1 : période 3

11

Numération
Les nombres de 0 à 999 : groupement, échange, codage, représentation, décomposition, écriture, rangement, intercalation, encadrement à l'unité près, à la dizaine près et à la centaine près, placement de nombres sur la droite numérique ou sur une droite graduée.
Calcul
• Calcul instrumenté : utiliser les touches M+, M– et MR pour résoudre des problèmes du champ conceptuel additif.
• Calcul : introduction et justification du signe × de la multiplication.
• Calcul réfléchi : conservation d'un écart sur la droite numérique et calcul par conservation de l'écart.
Problèmes
• Problèmes du champ conceptuel additif.
• Premiers problèmes du champ conceptuel multiplicatif.

Numération

Les nombres de 0 à 999

Après avoir proposé de nouveau tous les exercices de la période 2 à la classe, le maître privilégiera au cours de cette période :
– l'intercalation de nombres à trois chiffres entre deux nombres, entre deux dizaines consécutives et entre deux centaines consécutives ;
– le placement d'un nombre donné sur la droite numérique.

Intercaler des nombres

Pour l'intercalation, la recherche est d'abord effectuée en utilisant le tableau de nombres afin que les élèves fassent le lien entre l'algorithme des nombres de 0 à 100 et celui des autres centaines.
Le maître propose des nombres, les élèves doivent dire quel est le nombre juste avant ou le nombre juste après. Par exemple :

57 ?	257 ?	557 ?	857 ?
69 ?	369 ?	569 ?	969 ?
80 ?	180 ?	880 ?	680 ?

Il propose ensuite d'employer la même démarche dans le cadre des dizaines et des centaines consécutives. Les élèves doivent encadrer le nombre par les dizaines qui se suivent, puis par les centaines qui se suivent.

Comme pour de nombreuses acquisitions, le tableau de nombres aide les élèves à effectuer les premiers calculs, puis le maître demande de le retourner. Le tableau ne constitue plus alors qu'un moyen de vérifier.

Placer un nombre sur une droite numérique

La tâche consistant à placer un nombre donné sur la droite numérique est un prolongement de l'encadrement entre deux dizaines consécutives. 146, par exemple, est compris entre 140 et 150. La phrase mathématique correspondante est : 140 < 146 < 150.
Le maître peut demander aux élèves de placer 146 sur deux droites numériques :
– d'abord sur cette droite :

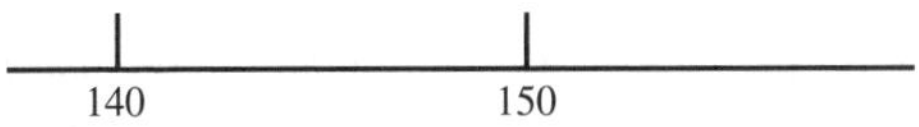

– puis sur celle-ci :

Ces exercices concernant la numération ne font plus l'objet de véritables séances d'apprentissage. Il s'agit plutôt de séances d'entraînement avec des exercices écrits à réaliser en début de séance, de plus en plus rapidement, en autonomie ou par groupes de deux.
La vérification et la correction se font alors oralement pour les exercices qui ont posé problème à la classe. En fin de séance, le maître récupère les feuilles pour vérifier que les automatismes sont acquis pour tous et pour repérer les points à retravailler avec les élèves qui en ont besoin.

Calcul

Calcul instrumenté

Utilisation des touches M+, M– et MR

Chaque élève a à sa disposition une calculatrice comportant les touches M+, M–, MR et MC. Le maître propose une situation-problème comportant plusieurs transformations positives et négatives :
« Un ascenseur est au 17e étage. Il monte de 15 étages, puis il redescend de 8 étages et, enfin, il remonte de 21 étages.
À quel étage se trouve-t-il ? Quel est le programme opératoire ? »
Les élèves notent et proposent 17 + 15 – 8 + 21 qu'ils calculent avec leur calculatrice.

Puis le maître reprend l'énoncé du problème et « parle » à sa calculatrice (d'un modèle assez grand, environ 15 cm × 15 cm) sous les yeux des élèves en leur demandant de faire la même chose que lui :
« Un ascenseur est au 17e étage. Rappelle-toi, machine : 17 → 17 M+.
Il monte de 15 étages. Rappelle-toi, machine : 15 en plus → 15 M+.
Il redescend de 8 étages. Rappelle-toi, machine : 8 en moins → 8 M–.
Il remonte de 21 étages. Rappelle-toi, machine : 21 en plus → 21 M+.
À quel étage se trouve-t-il ? Rappelle-toi, machine ! → MR. »

Les élèves sont d'abord surpris, puis amusés. L'intérêt d'utiliser ces touches vient souvent des élèves eux-mêmes car ils ne comprennent pas leur rôle sur le clavier. Le maître explique que la touche MC vide la mémoire.
Le fait d'utiliser ces touches permet de retravailler de manière plus ludique (avec la calculatrice) les problèmes d'ajout et de retrait. Sous forme de jeu, le maître raconte cinq ou six énoncés avec, par exemple, un renard qui mange les poules du poulailler (M–), mais des œufs éclosent (M+), ou un porte-monnaie qui se vide lors d'achats successifs (M–) et qui se remplit grâce à des sommes d'argent offertes (M+), ou un dé bleu qui fait avancer et un dé rouge qui fait reculer, ou encore des passagers d'un bus qui montent et qui descendent... À chaque fois, on utilise les deux façons de calculer :
– avec les touches +, –, = ;
– avec les touches M+, M–, MR et MC.

Approche de la multiplication

Introduction et justification du signe ×

L'introduction du signe × se fera sur cette période avec l'utilisation et la formalisation de ce signe dans les écritures mathématiques. Cependant, depuis le troisième trimestre du CP et chaque fois que cela aura été possible, le maître et les élèves auront utilisé oralement le mot « fois » à chaque écriture mathématique ou programme opératoire qui s'y prêtait.

• *Exemple 1 :* décomposition sous forme additive de 98
98 = 10 + 10 + 10 + 10 + 10 + 10 + 10 + 10 + 10 + 8
À l'oral, les élèves pourront décrire l'écriture de la façon suivante : *« On a écrit le nombre 10 neuf fois. »*

• *Exemple 2 :* problème (de fin de CP ou de début de CE1)
« Papa a acheté 5 rosiers à 18 euros. Combien a-t-il dépensé en tout ? »
18 + 18 + 18 + 18 + 18 = 90
Les élèves disent naturellement que l'on ajoute le nombre 18 cinq fois.

Situation introductive

Le maître écrit un énoncé au tableau. Les élèves n'ont pas le droit d'utiliser la calculatrice. Le problème devra comporter des nombres supérieurs à 15 pour justifier l'utilisation du signe ×. Par exemple :
« La directrice a acheté un nouveau livre de lecture pour les 19 élèves du CP. Chaque livre coûte 27 euros. Combien devra-t-elle payer ? Écris le programme opératoire. »

Les élèves écrivent le programme opératoire. La validation est immédiate. Puis le maître demande à un volontaire de venir écrire ce programme au tableau. L'élève commence à écrire la somme réitérée du nombre 27. Au bout d'une dizaine de 27, il revient en arrière pour les recompter. Le maître lui demande ce qu'il fait. Le terme « fois » apparaît alors :
« Que fais-tu ?
– Je veux écrire le nombre 27 dix-neuf fois./Je regarde combien de fois j'ai déjà écrit 27.
– Pourquoi ?
– Parce que j'en veux 19. »
On obtient donc :
27 + 27 + 27 + 27 + 27 + 27 + 27 + 27 + 27 + 27 + 27 + 27 + 27 + 27 + 27 + 27 + 27 + 27 + 27 =
« Est-ce que c'est pratique à noter ? Pourquoi ?
– Non, c'est trop long. On peut se tromper.
– Au lieu de dire 27 + 27 + 27..., comment pourrait-on dire ? Qu'as-tu écrit ?
– Le nombre 27 + 27... dix-neuf fois.
– On a inventé le signe × qui veut dire "fois". »

$$\underbrace{27 + 27 + 27 + 27 + 27 + 27 + 27 + 27 + 27 + 27 + 27 + 27 + 27 + 27 + 27 + 27 + 27 + 27 + 27 =}$$

« 27 × 19 : c'est le nombre 27 dix-neuf fois. »

Le maître fait répéter cette phrase plusieurs fois, en montrant la multiplication et son lien avec la somme. Puis il indique aux élèves que le signe × se trouve sur leur calculatrice. Il leur demande alors de calculer l'opération en utilisant les touches + et =, puis d'effectuer la même opération en utilisant M+ et, enfin, de calculer 27 × 19.

Les élèves arrivent eux-mêmes à la conclusion que la somme réitérée pose problème car on ne sait plus où on en est. L'utilisation de la touche M+ est plus simple car il suffit d'appuyer 19 fois dessus et de terminer par MR, mais 27 × 19 reste la méthode la plus rapide et la plus sûre.

Lors des séances suivantes, le maître favorisera l'automatisation de l'écriture :

$$a \times b = \underbrace{a + a + a + a + a + \ldots + a + a + a}_{b\,\times}$$

Cette automatisation se fera aussi bien grâce à la résolution de problèmes (18 boîtes de 12 feutres) qu'à partir de situations purement numériques, par exemple :
$15 \times 7 = 15 + 15 + \ldots$
$24 + 24 + 24 + 24 + 24 + 24 + 24 = 24 \times \ldots$

Lorsque l'utilisation et l'écriture de ce nouveau signe sont bien ancrées (ce qui prend environ 10 à 15 jours), le maître propose un support permettant la compréhension de la commutativité de la multiplication : $a \times b = b \times a$. Pour travailler cette notion, les élèves utilisent la représentation sous forme cartésienne d'un produit : un quadrillage.

Situation

Le maître donne un quadrillage à chaque élève avec la consigne suivante : *« Donne le nombre de cases du quadrillage sous forme additive et sous forme multiplicative. »*

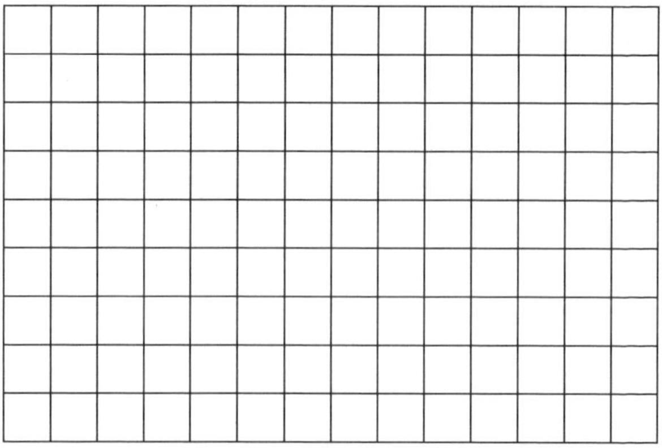

« Quel est le nombre de cases du quadrillage ?
Quel est le nombre de lignes ?
Quel est le nombre de colonnes ? »

- Si l'élève compte en suivant les colonnes, on obtient :

$9 + 9 + 9 + 9 + 9 + 9 + 9 + 9 + 9 + 9 + 9 + 9 + 9 + 9 = 9 \times 14.$

- Si l'élève compte en suivant les lignes, on obtient :

$14 + 14 + 14 + 14 + 14 + 14 + 14 + 14 + 14 = 14 \times 9.$

Lors de la synthèse, il devient possible d'écrire :
$9 + 9 + 9 + 9 + 9 + 9 + 9 + 9 + 9 + 9 + 9 + 9 + 9 + 9 = 9 \times 14 = 14 \times 9 = 14 + 14 + 14 + 14 + 14 + 14 + 14 + 14 + 14$

Suite à cette séance, le maître proposera aux élèves de nombreux exercices d'entraînement sur ces égalités avec, dans un premier temps, le support quadrillage. Par exemple :
« Écris sous quatre formes différentes le nombres de cases de ce quadrillage. »

$a + a + a + ... + a + a = a \times b = b \times a = b + b + b ... + b + b$

a « *b* fois » *b* « *a* fois »

À la fin de cette période, comme pour l'addition, la prise en compte de la commutativité de la multiplication va devenir effective dans les calculs. Si la mathématisation du problème s'écrit sous la forme du produit 15×4 (le nombre 15 quatre fois), on utilisera pour ce produit aussi bien l'écriture 15×4 que 4×15 dès qu'il s'agit de calculer. Les élèves nomment d'ailleurs 15×4 : quinze fois quatre.
Lors de l'introduction du signe ×, lorsqu'il écrit 15×4, le maître utilisera toujours la phrase : *« C'est le nombre 15 quatre fois »*. Mais dès que la commutativité de la multiplication devient une propriété acquise lors de la séance avec le support quadrillage, les élèves utiliseront la forme du produit qui est la plus simple à calculer ou à dire.

Calcul réfléchi

Conservation de l'écart

La conservation de l'écart est une propriété qui permet aux élèves de calculer des soustractions avec retenue sans passer par la technique opératoire. La procédure par conservation de l'écart s'appuie sur l'égalité de deux différences dont l'une est calculable de tête. Cette procédure doit être expliquée aux élèves car ils peuvent difficilement la découvrir par eux-mêmes.

Situation introductive

Depuis le deuxième trimestre du CP, les élèves sont habitués à utiliser le tableau de nombres de 0 à 100 pour calculer des soustractions sans ou avec une retenue. Le maître propose une approche par un entraînement concernant l'ajout et le retrait de « dizaines pleines », par exemple : + 20, + 40, – 80, – 20, avec le tableau de nombres, puis sans le tableau.
Le maître propose ensuite des recherches d'écart avec retenue en demandant aux élèves de ne plus utiliser le tableau de nombres. Par exemple :
46 – 28 =
« Savons-nous enlever 28 ? Non, mais nous savons enlever 30. »
62 – 55 =
« Savons-nous enlever 55 ? Non, mais nous savons enlever 60. »

37 – 19 =
« *Savons-nous enlever 19 ? Non, mais nous savons enlever 20.* »

« *Au lieu d'enlever 28, on va enlever 30, mais comme on enlève 2 de plus, il faut ajouter 2 à 46.* »
46 – 28 = (46 + 2) – (28 + 2) = 48 – 30 = 18.

Pour mieux faire percevoir la conservation de l'écart, le maître montre sur la bande numérique du tableau l'écart entre 46 et 28 qu'il est possible de déplacer de deux cases entre 48 et 30 : l'écart est le même. Il distribue ensuite à chaque élève un morceau de bande numérique allant de 18 à 44. Comme avec le tableau de nombres, cet outil va permettre aux élèves de mieux se représenter le « glissement » de l'écart.
L'enseignant demande aux élèves de matérialiser l'écart entre 36 et 18 en pointant le nombre 18 avec la main gauche et le nombre 36 avec la main droite. L'écart s'écrit 36 – 18, on ne sait pas enlever 18 mais 20, donc on se déplace de deux cases vers la droite (en déplaçant les deux doigts), pour arriver à 38 – 20.
Avec l'aide de ce morceau de bande, le maître demande alors aux élèves de transformer les différences (soustractions) par des différences (soustractions) que l'on peut calculer de tête :

43 – 29 = ?	44 – 30
37 – 28 = ?	39 – 30
35 – 17 = ?	38 – 20

On remplace une différence par une différence égale plus facile à calculer.

Prolongement

Lors d'une deuxième séance, les élèves reviennent sur la conservation de l'écart, mais cette fois sur le tableau de nombres. (Les deux doigts qui matérialisent l'écart ne sont plus sur la même ligne.) Les élèves choisissent alors de compléter le nombre à soustraire pour arriver à la dizaine supérieure et, dans un deuxième temps, ils réalisent ce même déplacement sur l'autre nombre. Ils se rendent compte que cette procédure n'est utile que dans certains cas : lorsqu'il n'est pas possible de soustraire directement les unités aux unités, les dizaines aux dizaines.

Lorsque les élèves sont suffisamment à l'aise avec l'utilisation de la conservation de l'écart, selon la même démarche que le tableau de nombres ou la bande numérique, le maître leur demande de tenter de faire le même travail de tête.
Pour que les élèves retiennent cette procédure de calcul réfléchi, le maître doit bien entendu les entraîner en leur proposant régulièrement de transformer des soustractions avec retenue en soustractions de dizaines pleines.

Lorsqu'ils ont bien intégré la conservation de l'écart, ils l'utilisent et deviennent performants dans tous les calculs soustractifs de tête.

Problèmes

Pendant cette période, le maître proposera des problèmes dans lesquels figurent les mêmes nombres, mais pour lesquels l'opération à mettre en œuvre est différente.

Ces séances pourront faire l'objet de moment de « gymnastique mathématique » : le maître lit les énoncés et les élèves notent juste les programmes opératoires sur leur feuille ou sur leur ardoise. Par exemple :
« Je suis au 17e étage. Je monte de 12 étages. Quel est le programme opératoire ? »
« J'ai 12 ans. Dans combien d'années aurai-je 17 ans ? Quel est le programme opératoire ? »
« J'ai un album photos de 12 pages avec 17 photos par page. Combien contient-il de photos en tout ? Quel est le programme opératoire ? »
« J'avais 17 pages à lire, j'en ai déjà lu 12. Combien m'en reste-t-il à lire ? Quel est le programme opératoire ? »
« J'ai fait 17 km ce matin et 12 km cet après-midi. Combien ai-je parcouru de kilomètres dans la journée ? Quel est le programme opératoire ? »
« Pierre reçoit 12 euros pour son anniversaire. Il a maintenant 17 euros. Combien en avait-il avant ? Quel est le programme opératoire ? »

CE1 : période 4

12

Numération
• Les nombres de 0 à 999 :
– reprise des notions, des propriétés et des savoir-faire des périodes 1 à 3;
– approche et utilisation de la distributivité de la multiplication par rapport à l'addition.
Calcul
• Calcul instrumenté : utilisation de la fonction répétitive de la touche = avec + et –.
• Calcul réfléchi : calcul par conservation de l'écart sur la droite numérique et sur le tableau des nombres de 1 à 100.
• Calcul en ligne : la multiplication avec un chiffre au multiplicateur et décomposition du « multiplicande ».
• Apprentissage des tables de multiplication par 2, par 5 et par 10.
Problèmes
• Problèmes relatifs aux trois opérations connues.

Numération

Les nombres de 0 à 999

Pendant cette période, il s'agit de reprendre tous les exercices des périodes 2 et 3. Le maître privilégiera les transformations d'écriture avec les signes + et ×, par exemple :
$349 = 300 + 40 + 9 = (3 \times 100) + (4 \times 10) + 9$
$349 = 300 + 49$
$349 = 34 \times 10 + 9$

Calcul

Calcul instrumenté

Utilisation de la touche = avec répétition

Sur le même schéma de séance que pour les touches mémoires, le maître demande aux élèves de taper les opérations suivantes sur leur calculatrice :
4, +, 2, =, =, =, =, =, = ... Ils obtiennent 6, 8, 10, 12, 14...
16, –, 2, =, =, =, =, =, = ... Ils obtiennent 14, 12, 10, 8, 6...
2, × 2, =, =, =, =, =, = ... Ils obtiennent 4, 8, 16, 32, 64...

Une fois les listes de résultats notées, le maître demande aux élèves de trouver la règle de passage d'un nombre à l'autre et de l'appliquer sur deux ou trois nombres pour continuer la liste. Avec le groupe-classe, il institutionnalise ensuite la fonction de la touche = lorsqu'elle est répétée. Le lien avec les touches mémoires sera également discuté.

Calcul réfléchi

Il s'agit de proposer des exercices d'entraînement sur le calcul d'une différence par conservation de l'écart. Les élèves utiliseront le tableau de nombres de 0 à 100 afin de matérialiser des écarts plus grands : l'utilisation de morceaux de bande numérique n'est plus possible car les intervalles sont trop grands. Pour calculer 82 – 24, on avance de 6 pour enlever 30 plutôt que 24, et on avance donc de 6 pour arriver à 88, donc :
82 – 24 = 88 – 30 = 58.
En début de période, les élèves travaillent avec leur tableau individuel et le tableau collectif. Puis ils ne disposent plus que du tableau collectif. Enfin, dans la mesure du possible, les élèves devront réaliser les calculs de tête, ou tout au moins en ligne, sans l'aide du tableau : 91 – 37 = 94 – 40 = 54.

Calcul automatisé

Apprentissage des tables de 2, de 5 et de 10

Cet apprentissage commence par la construction des tables de multiplication de tête, en ajoutant le même nombre plusieurs fois ou avec la fonction répétitive de la touche = de la calculatrice. Les élèves construisent ainsi toutes les tables de multiplication de 3 à 9. Les résultats des produits élémentaires seront disposés dans une table de Pythagore.

Il semble important de commencer l'apprentissage des tables de multiplication dès cette période, en débutant par la table de 2, puis celles de 10 et de 5. Apprendre les tables consiste en fait à mémoriser et à récupérer des produits élémentaires (les produits des nombres à un chiffre). Chaque jour, le moment de gymnastique mathématique intégrera un questionnement sur ces produits élémentaires afin d'aider à leur acquisition.

Les procédés qui suivent permettent aux élèves de mémoriser et de récupérer en mémoire les produits élémentaires :

• Faire tracer un cercle aux élèves et placer au centre le nombre dont on veut mémoriser la table. Les nombres de 0 à 10 sont écrits dans le désordre sur le cercle. Le résultat des produits est inscrit au crayon à papier sur un second cercle concentrique plus grand. Les élèves peuvent s'exercer en autonomie.

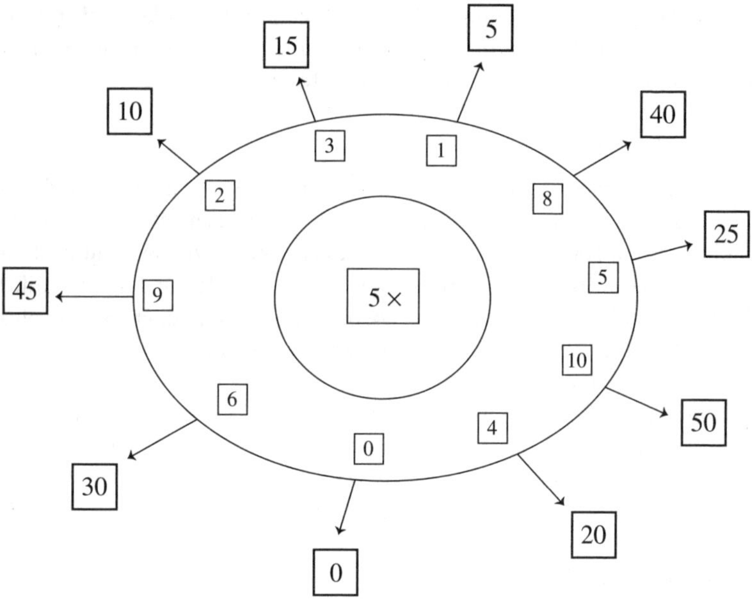

L'élève tourne sur les deux cercles en donnant l'opération et son résultat : 5 × 4 = 20, 5 × 0 = 0... Quand il pense connaître l'un des résultats par cœur, il efface le résultat sur le plus grand cercle et continue de tourner. Les produits par 0, par 1, par 10 et par 2 sont les premiers résultats effacés, puis, à force de répétitions, la mémorisation des produits élémentaires devient effective. On refait alors un cercle pour chacune des tables à mémoriser.

• Aborder les produits « à l'envers » : il s'agit de retrouver le ou les produits qui correspondent à un nombre donné. Par exemple : *« À quel produit correspond 15 ? »* Réponse : 3 × 5 et 5 × 3, c'est-à-dire 3 fois 5 et 5 fois 3. 36 correspond aux produits : 4 × 9, 9 × 4 et 6 × 6.

• Utiliser la commutativité de la multiplication : lorsque l'on connaît 7 fois 2, on connaît 2 × 7.

Une fois connus les produits élémentaires figurant dans les tables de 2, de 3, de 4 et de 5, les élèves ont à mémoriser quelques produits qui restent plus difficiles à retenir : 8 fois 7, 7 fois 8, 6 fois 9, etc., c'est-à-dire ceux qui combinent uniquement les nombres 6, 7, 8 et 9.

Remarque
Retrouver un produit à partir de produits connus n'aide pas vraiment les élèves à mémoriser les résultats élémentaires. Il s'agit davantage d'exercices de calcul réfléchi qui permettent aux élèves d'utiliser la décomposition additive d'un nombre (distributivité de la multiplication par rapport à l'addition). Par exemple : 7 fois 4, c'est 5 fois 4 plus 2 fois 4, c'est-à-dire 20 + 8 = 28 (voir la situation de calcul en ligne ci-après).

Calcul en ligne : la multiplication à un chiffre

Les élèves abordent la technique opératoire de la multiplication à un chiffre à partir de la représentation en quadrillage des produits.

Situation

Le maître distribue des quadrillages : 5 × 14, 5 × 18, 10 × 15, 10 × 19, 2 × 17, 2 × 16... (ici, en lien avec l'apprentissage des tables de 2, de 5 et de 10).

Consigne

« Écris sous forme multiplicative le nombre de cases de ton quadrillage. »
(Les élèves peuvent également travailler par groupes de deux.)
On obtient les multiplications : 5 × 14, 5 × 18, 10 × 15, 10 × 19, 2 × 17, 2 × 16 ou 14 × 5, 18 × 5, 15 × 10, 19 × 10, 17 × 2...
Puis le maître demande aux élèves s'ils peuvent donner le résultat de leurs multiplications – ce qu'ils font avec l'aide de leur calculatrice ou en comptant de 5 en 5 ou de 10 en 10.
Le maître questionne à nouveau les élèves : *« Mais si nous ne savons pas calculer de tête 5 × 14 ou 14 × 5, que savons-nous calculer par cœur avec la table de 5 ? »*
Réponse attendue : 2 × 5, 3 × 5, 4 × 5... 10 × 5.

Consigne

« Reprenez vos quadrillages et montrez les rectangles dont vous connaissez par cœur le nombre de cases. »
Les élèves ne pensent pas obligatoirement à la décomposition en dizaines et en unités (10 + ...). Par exemple, pour 14 × 5 :

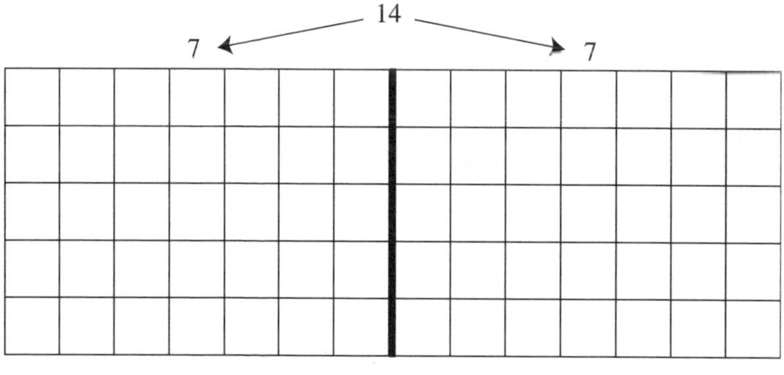

On peut ainsi avoir plusieurs décompositions :
14× 5 = (7 × 5) + (7 × 5) = 35 + 35 = 70
14 × 5 = (8 × 5) + (6 × 5) = 40 + 30 = 70
14 × 5 = (5 × 5) + (9 × 5) = 25 + 45 = 70
14 × 5 = (10 × 5) + (4 × 5) = 50 + 20 = 70

L'objectif de la séance est de décomposer un produit par une somme de deux produits connus. On n'institutionnalisera pas immédiatement le découpage « 10 + ... », même s'il est très souvent choisi par les élèves en fin de séance.

Dans les séances suivantes, le maître donnera encore des quadrillages comportant 2 carreaux, 5 carreaux et 10 carreaux de côté. Il recherchera l'automatisation de la décomposition du multiplicande en « 10 + ... ». Il s'agit de permettre aux élèves d'effectuer un calcul en ligne sans le support quadrillage, par exemple :
$5 \times 19 = 5 \times (10 + 9) = (5 \times 10) + (5 \times 9) = 50 + 45 = 95$.

La formulation suivante peut aider les élèves : *« 19 paquets de 5, c'est 10 paquets de 5, plus 9 paquets de 5, donc 50 + 45 = 95. »*

Puis, avec l'aide des tables de multiplication, le maître demandera aux élèves de résoudre en ligne des produits avec 3, 4, 6, 7, 8 et 9 au multiplicateur (par exemple : 7×18, 9×17).

Problèmes

Le maître proposera des problèmes « classiques » mettant en œuvre l'addition, la soustraction et la multiplication avec rédaction des réponses. Il proposera également de nouveaux problèmes pour lesquels la présentation et la représentation deviendront plus complexes. Ces deux aspects feront l'objet d'exercices plus variés qu'en début d'année : des problèmes sous forme de tableaux, des problèmes avec des calculs intermédiaires non demandés explicitement, des problèmes avec lecture d'un graphique...
Ces problèmes pour lesquels la représentation de ce qui est demandé est plus complexe qu'un simple choix d'une opération feront aussi l'objet de séances de lecture fonctionnelle avec questionnement sur la compréhension de l'énoncé lui-même. Ces séances et leur volume horaire seront comptabilisés dans l'horaire de la maîtrise de la langue.

CE1 : période 5

13

Numération
- Dépasser 1 000.

Calcul
- Calcul réfléchi : utiliser les propriétés de la multiplication pour calculer certains résultats.
$d \times (a + c) = d \times a + d \times c$ (distributivité de la multiplication par rapport à l'addition).
- Calcul posé : technique opératoire de la multiplication à un chiffre.
- Apprentissage des tables de multiplication par 2, par 5, par 10, par 4 et par 3.

Problèmes
- Problèmes concernant les trois opérations.
- Premiers problèmes de partage modélisés par $a = b \times q + r$.

Mis à part l'apprentissage de la technique opératoire de la multiplication, cette période sera davantage axée sur une stabilisation et un réinvestissement des connaissances abordées au cours des deux premiers trimestres.

Numération

Dépasser 1 000

Le maître propose des jeux et des énigmes dans le domaine de la numération :
« Combien de fois utilises-tu le chiffre 1 entre 0 et 500 ? »
« Combien de fois utilises-tu le mot "un" *entre 0 et 500 ? »*

Sur le même principe que le passage par la centaine, l'enseignant introduira le passage de 999 à 1 000 en relation avec le principe de groupement/échange de la numération de position : 10 centaines → 1 millier. Puis il mettra en œuvre la même progression que celle abordée pour l'appropriation de la numération entre 0 et 999 : représentation, lecture des nombres à 4 chiffres, écriture, décomposition sous forme additive puis sous formes additive et multiplicative, rangement, intercalation...

Calcul

Calcul réfléchi

Le maître proposera de nouveaux calculs pour stabiliser la mise en œuvre du procédé de calcul d'une différence par conservation de l'écart. Il proposera également de multiples calculs pour lesquels il est utile ou nécessaire d'employer les propriétés de la multiplication.

• Distributivité de la multiplication par rapport à l'addition : si $b = a + c$, alors $d \times b = d \times a + d \times c$.
Les élèves s'exercent au calcul en ligne :
$17 \times 5 = (10 + 7) \times 5 = (10 \times 5) + (7 \times 5) = 50 + 35 = 85$.

• Si b s'écrit sous la forme : $a0$, $c \times b = c \times a0 = c \times a \times 10$.
$6 \times 80 = 6 \times 8 \times 10 = 48 \times 10 = 480$.
Afin de donner sens à la règle dite « des zéros », le maître fera utiliser la commutativité de la multiplication : 48×10 peut se calculer en cherchant 48 dizaines. 48×10 correspond à 10×48, donc 48 paquets de 10, donc 48 dizaines, soit 480.

• Si b s'écrit sous la forme : $a00$, $c \times b = c \times a00 = c \times a \times 100$.
$7 \times 400 = 7 \times 4 \times 100 = 28 \times 100 = 2\,800$.
De la même façon, le maître fera apparaître que 28×100 correspond à 100×28, donc à 28 paquets de 100, donc 28 centaines, soit 2 800.

Chacune des propriétés de la multiplication fera l'objet de plusieurs séances d'entraînement avec comme point de départ l'observation de résultats de produits grâce à la calculatrice ou aux tables de multiplication, puis d'une automatisation afin d'améliorer la vitesse de calcul des élèves.

En fin d'année, l'enseignant proposera des écritures de phrases mathématiques à compléter :
$27 = 4 \times ... + ...$
$27 = 5 \times ... + ...$
$27 = 10 \times ... + ...$

Calcul posé

Technique opératoire de la multiplication à un chiffre

Comme pour la technique opératoire de l'addition, l'apprentissage de la technique opératoire de la multiplication à un chiffre fait d'abord l'objet d'un travail sur la numération de position. L'enseignant pourra, par exemple, faire établir le lien entre $27 \times 5 = (20 + 7) \times 5 = (20 \times 5) + (7 \times 5) = 100 + 35$ et le tableau des centaines, des dizaines et des unités.

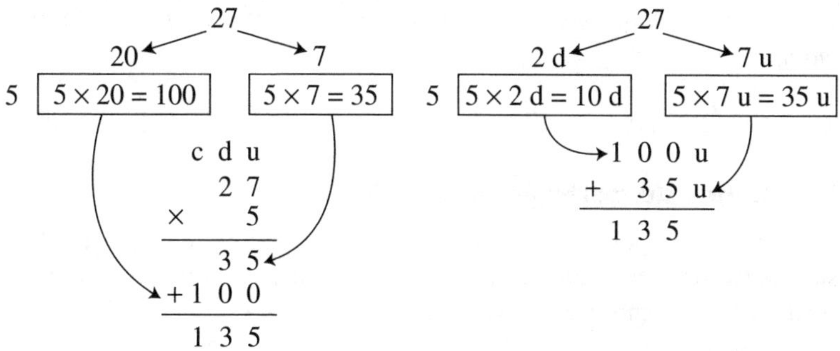

On se sert des deux représentations de la multiplication posée pour arriver à l'algorithme de l'opération :

	d	u	
	2	7	
×		5	~~3~~
1	3	5	

« 7 × 5 = 35 : je pose les 5 unités dans la colonne des unités et je retiens les 3 dizaines à côté.
Puis 5 × 2 dizaines font 10 dizaines plus les 3 font 13 (en ajoutant 3, on barre la retenue). »

Le choix d'écrire la retenue (3) à côté de l'opération, et non au-dessus de la colonne des dizaines, permet d'éviter une erreur que l'on peut constater chez certains élèves qui additionnent le chiffre des dizaines du multiplicande à la retenue, avant de le multiplier par le multiplicateur.
Lors de l'exécution des premières multiplications posées, le maître demandera aux élèves de préciser les mots « unités » et « dizaines » dans la formulation de l'opération : « *Je multiplie le chiffre des unités... Je retiens* x *dizaines. Je multiplie le chiffre des dizaines, j'obtiens ... dizaines auxquelles j'ajoute la retenue.* »
Lorsque l'algorithme de la multiplication est bien connu des élèves, ils procèdent à une automatisation complète de la technique, sans passer par la valeur des chiffres.

Problèmes

Inventer un énoncé de problème

Le maître propose des problèmes mettant en jeu les trois opérations (voir la période 4, pp. 146-148) avec rédaction des réponses. Puis les élèves sont chargés d'inventer des énoncés de problèmes correspondant à des programmes opératoires ou à des phrases mathématiques où *x* est l'inconnu du problème. Par exemple :
« Invente un énoncé de problème dont le programme opératoire est :
24 × 36 = ...
(15 × 9) + 17 = ...
284 – (14 × 3) = ... »

« Invente un énoncé de problème correspondant à la phrase mathématique :
$12 \times x = 36$
$x - (15 \times 12) = 20$. »

Problèmes de partage sans reste

L'enseignant propose également les premiers problèmes de partage : division partition (recherche de la valeur d'une part) et division quotition (recherche du nombre de parts), sans reste : $a = b \times x$, $x = ?$
Par exemple :

« Quatre enfants se partagent équitablement 36 bonbons.
Quelle est la part de chacun ? »
$36 = x \times 4$, $x = ?$

« J'ai 96 œufs à mettre dans des boîtes de 12.
Combien vais-je remplir de boîtes ? »
$96 = 12 \times x$, $x = ?$

Problèmes de partage avec reste

Enfin, le maître propose les premiers problèmes de partage avec reste. Dans ce cas, les élèves disposent des tables de multiplication.
Par exemple :
« Quatre enfants se partagent équitablement 42 bonbons.
Combien en auront-ils chacun et combien en restera-t-il ? »

Troisième partie

SITUATIONS ET EXERCICES COMPLÉMENTAIRES (CP ET CE1)

CP : périodes 1, 2 et 3

14

L'enseignant pourra proposer ces exercices aux élèves individuellement, par groupes ou en classe entière.

Comparaison directe par perception instantanée

Exercice 1

Où y a-t-il le plus de points ?

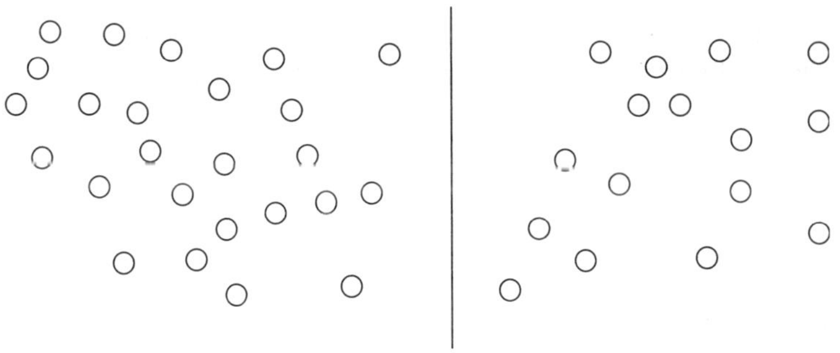

Exercice 2

Où y a-t-il le plus de points ?

Exercice 3

Écris le nombre de points de chaque case.

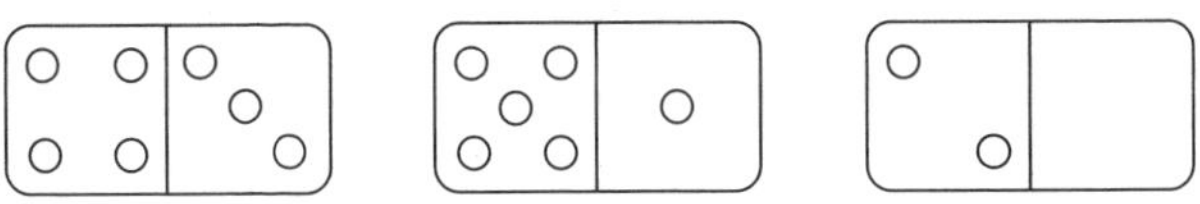

. . . .

Exercice 4

Complète les dominos avec le nombre de points indiqués.

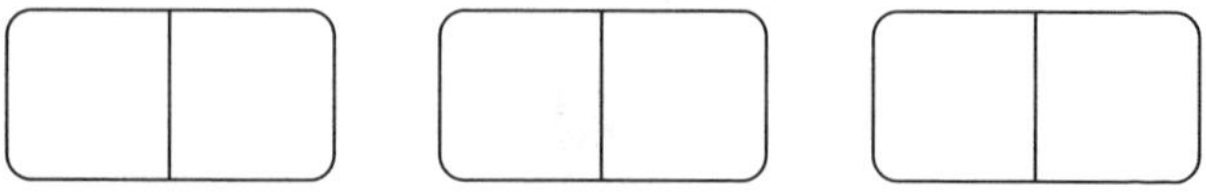

4 2 1 5 0 3

Exercice 5

Écris le nombre de points de chaque case, puis donne le nombre total de points du domino. (Tu peux t'aider de la bande numérique.)

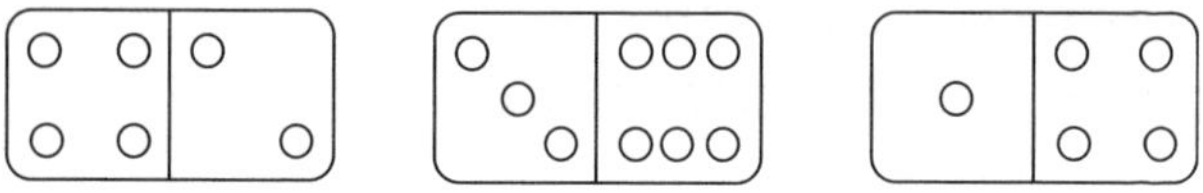

… + … = … … + … = … … + … = …

Exercice 6

Donne le nombre total de points de chaque domino sous la forme d'une addition. (Tu peux t'aider de la bande numérique.)

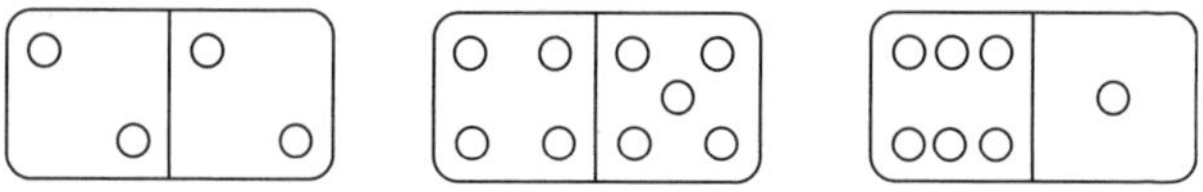

. . . .

Exercice 7

Complète les dominos, puis le résultat de l'opération. (Tu peux t'aider de la bande numérique.)

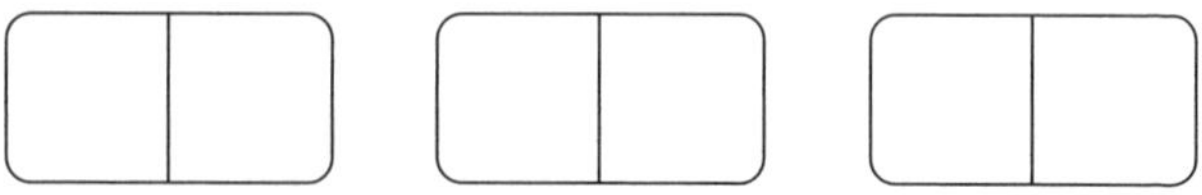

5 + 6 = … 3 + 4 = … 6 + 2 = …

Exercice 8

Complète les dominos, puis l'opération. (Tu peux t'aider de la bande numérique.)

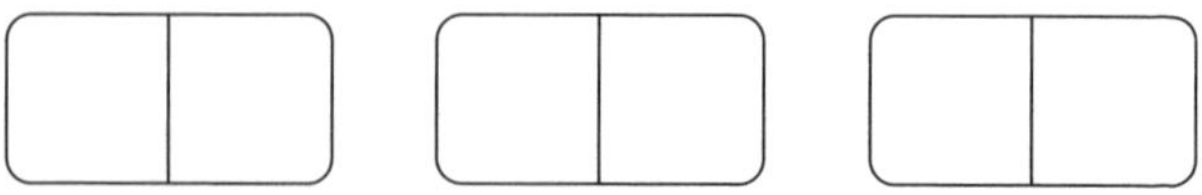

4 + … = 6 5 + … = 9 … + 2 = 8

Exercice 9

Trouve les valeurs de x. (Tu peux t'aider de la bande numérique.)

$5 < x < 6$ $x = ...$
$1 < x < 3$ $x = ...$
$7 < x < 9$ $x = ...$
$6 < x < 8$ $x = ...$
$2 < x < 6$ $x = ...$
$4 < x < 9$ $x = ...$

Exercice 10

Trouve les valeurs de x. (Tu peux t'aider de la bande numérique.)

$1 + x = 5$ $x = ...$
$3 + x = 8$ $x = ...$
$2 + x = 6$ $x = ...$

Exercice 11

Écris des opérations en utilisant les signes. Attention ! Vérifie chaque opération quand tu l'as écrite. (Tu peux t'aider de la bande numérique.)

+ = 5 3 2 : ....
= 2 + 6 4 : ....
= 1 – 8 7 : ....

Exercice 12

Complète les opérations en utilisant les signes. Attention ! Vérifie chaque opération quand tu l'as écrite. (Tu peux t'aider de la bande numérique.)

+ = 9 6 3 :	9 –	3 + ...
= 2 + 5 7 :	2 + ...	7 = ...
= – 2 5 3 :	5 –	2 = ...

Exercice 13

Observe les opérations, puis donne les valeurs de x. (Tu peux t'aider de la bande numérique.)

$5 + 3 = x$ $x = ...$
$3 + x = 5$ $x = ...$
$4 + 2 = x$ $x = ...$
$2 + x = 4$ $x = ...$
$6 + 1 = x$ $x = ...$
$x + 1 = 6$ $x = ...$

Exercice 14

Écris des opérations en utilisant les nombres et les signes. Attention ! Vérifie chaque opération quand tu l'as écrite. (Tu peux t'aider de la bande numérique.)

= + – 5 3 2 : ....

....

Exercice 15

Complète chaque opération en utilisant les nombres et les signes. Attention ! Vérifie chaque opération quand tu l'as écrite. (Tu peux t'aider de la bande numérique.)

= + – 6 3 : 9 = ... 9 – ....

3 + ... 3 = ...

Exercice 16

Écris des opérations en utilisant les signes, les nombres et x. Puis donne les valeurs de x.

1 + 3 – = x : .... x = ... x = ...

.... x = ... x = ...

.... x = ...

Exercice 17

Écris une phrase mathématique correcte avec : 3, 9, 1, 5, <, < et <.

....

Exercice 18

Écris une phrase mathématique correcte avec : x, 2, 7, 9, 5, <, <, <, <. Donne une valeur à x. Il y a plusieurs solutions.

....

x = ...

Étude des trios

Exercice 19

• Donne les 4 opérations liées à ce trio :

10	
6	4

....

....

....

....

• Donne les 4 opérations liées à ce trio :

....

....

....

....

<table><tr><td colspan="2">a</td></tr><tr><td>b</td><td>c</td></tr></table>

Exercice 20

Complète le trio dont l'une des opérations est : 5 + 4 = 9.

<table><tr><td colspan="2">...</td></tr><tr><td>...</td><td>...</td></tr></table>

Exercice 21

Complète le trio dont l'une des opérations est : 10 – 2 = 8.

<table><tr><td colspan="2">...</td></tr><tr><td>...</td><td>...</td></tr></table>

Exercice 22

Barre les trios qui sont faux.

<table><tr><td colspan="2">4</td></tr><tr><td>2</td><td>2</td></tr></table>

<table><tr><td colspan="2">6</td></tr><tr><td>5</td><td>3</td></tr></table>

<table><tr><td colspan="2">1</td></tr><tr><td>2</td><td>3</td></tr></table>

Exercice 23

Complète les trios.

<table><tr><td colspan="2">10</td></tr><tr><td>5</td><td>...</td></tr></table>

<table><tr><td colspan="2">...</td></tr><tr><td>6</td><td>4</td></tr></table>

<table><tr><td colspan="2">10</td></tr><tr><td>...</td><td>9</td></tr></table>

<table><tr><td colspan="2">10</td></tr><tr><td>1</td><td>...</td></tr></table>

Mémorisation des décompositions de 10

Exercice 24

Complète avec le bon nombre.

10 – 3 = ...
10 – 1 = ...
10 – 6 = ...
10 – ... = 9
10 – ... = 2
10 – ... = 1

10 – 8 = ...
10 – 0 = ...
10 – 2 = ...
10 – ... = 3
10 – ... = 5
10 – ... = 8

10 – 5 = ...
10 – 9 = ...
10 – 10 = ...
10 – ... = 0
10 – ... = 10
10 – ... = 4

Exercice 25

Barre le signe = quand il le faut.

5 + 5 = 10	7 + 4 = 10	8 + 2 = 10
6 + 3 = 10	6 + 4 = 10	9 + 3 = 10
6 + 4 = 10	4 + 4 = 10	2 + 6 = 10
8 + 2 = 10	1 + 9 = 10	3 + 7 = 10
5 + 3 = 10	2 + 8 = 10	0 + 9 = 10
9 + 1 = 10	10 + 0 = 10	5 + 5 = 10
6 + 5 = 10	5 + 5 = 10	7 + 3 = 10

Exercice 26

Complète les opérations pour faire 10.

2 + ... = 10	3 + ... = 10	9+ ... = 10
... + 5 = 10	... + 4 = 10	... + 1 = 10
6 + ... = 10	0 + ... = 10	10 + ... = 10
... + 8 = 10	... + 9 = 10	... + 10 = 10

CP : période 4

15

La numération de position

Exercice 27

Écris le nombre de points de cette collection sous une forme additive.

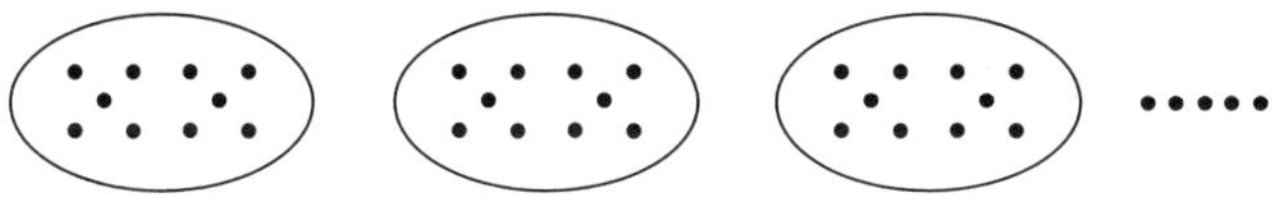

Exercice 28

Écris le nombre de croix de cette collection sous une forme additive en utilisant le nombre 10.

Exercice 29

Écris le nombre de points de cette collection sous une forme additive, puis complète le tableau.

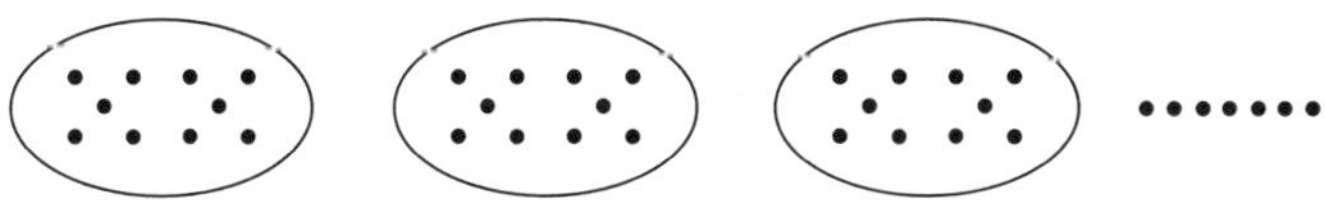

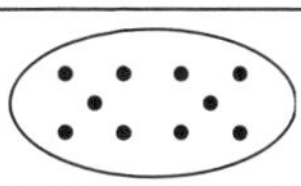	•
. . .	. . .

Exercice 30

Représente cette collection.

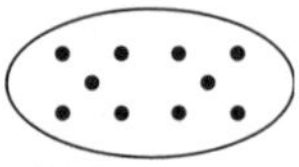	
4	8

Exercice 31

Représente cette collection : 10 + 10 + 10 + 10 + 10 + 4 = ...

Exercice 32

Représente le nombre 57.

Exercice 33

Écris les nombres représentés.

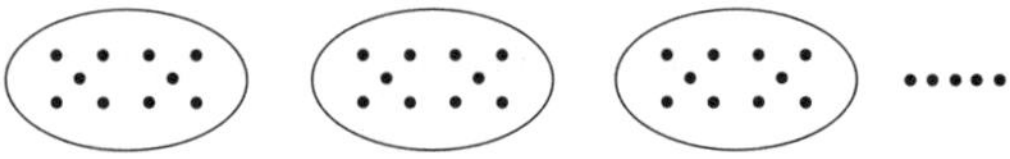 ....

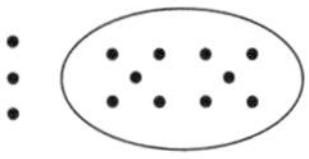 ....

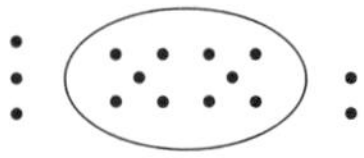 ....

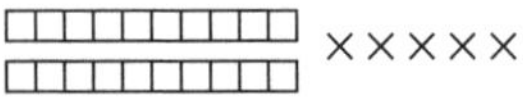 ....

 ....

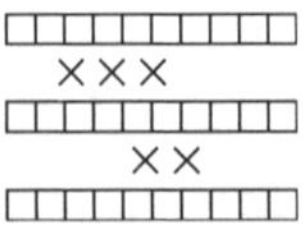 ....

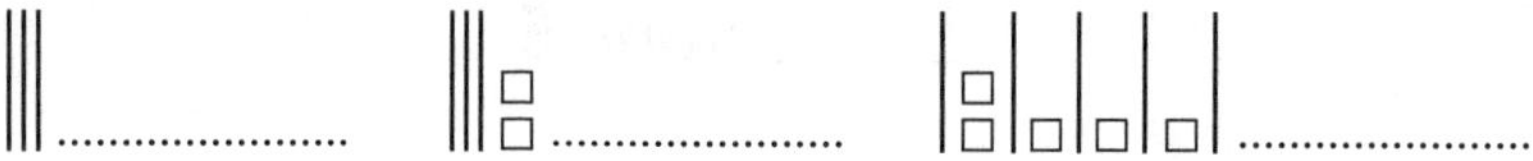

Les nombres de 10 à 20

Exercice 34

Colorie de la même couleur ce qui correspond au même nombre.

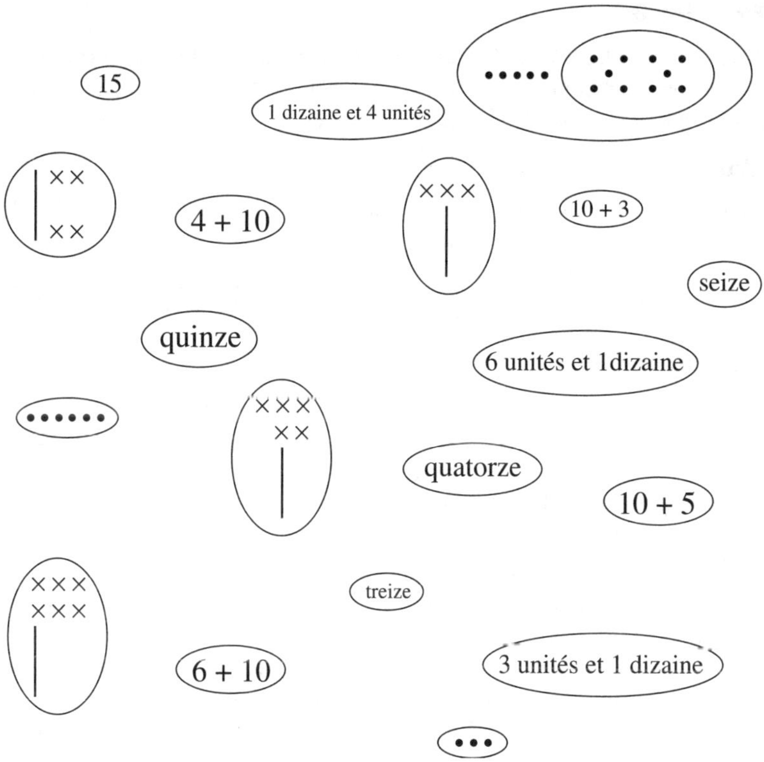

CP : période 5

16

Réactivation des nombres de 10 à 20

Exercice 35

Afin de reprendre les nombres de 10 à 20 pour les élèves qui ne les auraient pas encore parfaitement mémorisés, l'enseignant proposera cette activité sur les premiers jours de la rentrée de janvier.

Matériel

Chaque enfant dispose de sa bande numérique ou d'un morceau de bande numérique préparé par le maître.

9	10	11	12	13	14	15	16	17	18	19	20	21	22	23

Mise en œuvre

En groupe classe, le maître débute la chaîne des opérations, puis les élèves continuent. Le maître part de 12, par exemple, puis il annonce les déplacements : + 4, + 2, – 3, – 5, + 7, – 1, + 3, – 2, + 1... À chaque fois, le résultat obtenu est donné oralement par l'ensemble de la classe.

Variante 1

Un élève débute la chaîne des opérations, son voisin donne le résultat de l'opération et en propose une nouvelle. Par exemple :
– le premier élève part de 14 et annonce « + 2 » ;
– son voisin dit « 16 » et ajoute une nouvelle opération : « – 3 » ;
– un troisième élève dit « 13 » et ajoute une nouvelle opération, et ainsi de suite.

On ne doit pas proposer une opération qui fait sortir de l'intervalle sur lequel on travaille (ici de 9 à 23). L'objectif du maître étant l'apprentissage des nombres de 10 à 20, il doit de temps en temps proposer une addition ou une soustraction pour revenir dans l'intervalle travaillé si les élèves se cantonnent aux nombres inférieurs à 10.

Variante 2

Un élève donne le nombre de départ, puis le maître (ou les élèves) donne cinq transformations, par exemple : + 7, – 5, + 3, + 2, – 8. Les élèves doivent donner le résultat final sans nommer les résultats intermédiaires. Si l'une des transformations fait sortir de l'intervalle sur lequel on travaille, l'élève qui a proposé la chaîne de transformations doit en proposer une nouvelle.

Calcul réfléchi : calculer plus vite en réfléchissant sur les nombres à associer

Exercice 36

Entoure ce qui fait 10, puis calcule de tête.

5 + 4 + 5 = 10 + 4 = 14	2 + 3 + 8 = ... + ... = ...
6 + 4 + 9 = ... + ... = ...	9 + 9 + 1 = ... + ... = ...
7 + 2 + 8 = ... + ... = ...	7 + 3 + 8 = ... + ... = ...
6 + 5 + 4 = ... + ... = ...	7 + 5 + 5 = ... + ... = ...

Exercice 37

Trouve la valeur de x.

$5 + x + 4 = 15$	$x = 6$
$2 + 8 + x = 17$	$x = ...$
$x + 6 + 3 = 13$	$x = ...$
$1 + 6 + x = 16$	$x = ...$
$x + 9 + 1 = 18$	$x = ...$
$4 + 8 + x = 14$	$x = ...$
$4 + x + 6 = 15$	$x = ...$

Exercice 38

Cet exercice vise à automatiser les opérations suivantes : ajouter 10, ajouter 1, enlever 1. L'enseignant propose les mêmes opérations aux élèves, mais elles sont ici présentées en trios.

Donne le résultat. Tu peux t'aider de ta bande numérique.

5 + 10 = ...	5 + 1 = ...	5 − 1 = ...
7 + 10 = ...	7 + 1 = ...	7 − 1 = ...
8 + 10 = ...	8 + 1 = ...	8 − 1 = ...

Même exercice avec les trios.

Complète les trios.

...	
5	10

...	
5	1

5	
1	...

Exercice 39

Cet exercice vise à automatiser les doubles. Les élèves doivent compléter des trios de doubles.

Trouve le résultat ou complète les trios.

$2 + 2 = \ldots$

$4 + 4 = \ldots$

6	
3	...

$6 + \ldots = 12$

$8 + 8 = \ldots$

...	
9	9

$1 + \ldots = 2$

$\ldots + 5 = 10$

20	
10	...

Exercice 40

Calcule ces opérations de tête en utilisant les doubles et le signe +.

$8 + 9 = 8 + 8 + 1 = 16 + 1 = 17$

$6 + 7 = \ldots + \ldots + \ldots = \ldots + \ldots = \ldots$

$7 + 8 = \ldots + \ldots + \ldots = \ldots + \ldots = \ldots$

$5 + 6 = \ldots + \ldots + \ldots = \ldots + \ldots = \ldots$

$4 + 5 = \ldots + \ldots + \ldots = \ldots + \ldots = \ldots$

$3 + 4 = \ldots + \ldots + \ldots = \ldots + \ldots = \ldots$

Exercice 41

Calcule ces opérations de tête en utilisant les doubles et le signe –.

$9 + 8 = 9 + 9 - 1 = 18 - 1 = 17$

$7 + 6 = \ldots + \ldots - \ldots = \ldots - \ldots = \ldots$

$8 + 7 = \ldots + \ldots - \ldots = \ldots - \ldots = \ldots$

$4 + 3 = \ldots + \ldots - \ldots = \ldots - \ldots = \ldots$

$6 + 5 = \ldots + \ldots - \ldots = \ldots - \ldots = \ldots$

$5 + 4 = \ldots + \ldots - \ldots = \ldots - \ldots = \ldots$

Exercice 42

Calcule ces opérations en utilisant les doubles. Tu peux échanger une unité.

$7 + 5 = 6 + 6 = 12$

$8 + 6 = \ldots + \ldots = \ldots$

$9 + 7 = \ldots + \ldots = \ldots$

$6 + 4 = \ldots + \ldots = \ldots$

$7 + 9 = \ldots + \ldots = \ldots$

$6 + 8 = \ldots + \ldots = \ldots$

$5 + 3 = \ldots + \ldots = \ldots$

Exercice 43

Calcule ces opérations en passant par 10.

$9 + 5 = 10 + 4 = 14$	$7 + 6 = 10 + ... = ...$
$8 + 4 = 10 + ... = ...$	$9 + 7 = 10 + ... = ...$
$5 + 8 = 10 + ... = ...$	$8 + 3 = 10 + ... = ...$
$7 + 4 = 10 + ... = ...$	$5 + 7 = 10 + ... = ...$
$8 + 6 = 10 + ... = ...$	$9 + 6 = 10 + ... = ...$
$9 + 4 = 10 + ... = ...$	$6 + 7 = 10 + ... = ...$
$2 + 9 = 10 + ... = ...$	$5 + 9 = 10 + ... = ...$

Exercice 44

Calculer en expliquant si on « passe » par les **d**oubles, par le complément à **10** ou si on procède **a**utrement.

Explique ta façon de calculer. Par exemple :

5 + 7 Ⓓ $5 + 7 = 6 + 6 = 12$

ou ⑩ $5 + 7 = 5 + 5 + 2 = 10 + 2 = 12$

ou ⓐ on fait autrement.

○ 5 + 7 = ...	○ 7 + 9 = ...	○ 8 + 5 = ...	○ 6 + 6 = ...
○ 8 + 4 = ...	○ 9 + 6 = ...	○ 5 + 8 = ...	○ 8 + 6 = ...

Exemple de réponses attendues :

$7 + 9 = 16$ ⓓ → Passage par les doubles car $7 + 9 = 8 + 8 = 16$.

⑩ → Passage par la dizaine car $7 + 9 = 7 + 3 + 6 = 10 + 6 = 16$.

ⓐ → Autre possibilité : $7 + 9 = 6 + 10 = 16$.

Pendant toute cette période, le maître proposera également de nombreux exercices « traditionnels », par exemple :
- dictée de nombres en chiffres et en lettres ;
- donner le nombre qui vient juste avant ou juste après ;
- donner la dizaine pleine qui vient juste avant ou juste après ;
- déterminer la valeur de x ($45 < x < 49$) ;
- compléter un tableau de nombres incomplet ;
- placer des nombres sur une droite graduée ;
- ranger des nombres ;
- compléter à la dizaine supérieure.

CP : période 6

17

Numération

Les élèves disposent du tableau de nombres de 0 à 100 pour pratiquement tous les exercices de cette période. À chaque séance de mathématiques, le maître proposera pendant 15 à 20 minutes des exercices, des calculs, des problèmes, des opérations, des énigmes, des recherches d'inconnus... Le tableau de nombres servira de support et d'aide aux élèves pour répondre, mais aussi pour justifier et pour expliquer.

Matériel

Chaque élève a donc à sa disposition un tableau de nombres de 0 à 99 plastifié afin de pouvoir écrire dessus et un feutre effaçable.

0	1	2	3	4	5	6	7	8	9
10	11	12	13	14	15	16	17	18	19
20	21	22	23	24	25	26	27	28	29
30	31	32	33	34	35	36	37	38	39
40	41	42	43	44	45	46	47	48	49
50	51	52	53	54	55	56	57	58	59
60	61	62	63	64	65	66	67	68	69
70	71	72	73	74	75	76	77	78	79
80	81	82	83	84	85	86	87	88	89
90	91	92	93	94	95	96	97	98	99

Le maître possède le même tableau (mais beaucoup plus grand) avec les nombres aimantés afin de recentrer l'attention de tous les élèves si certains exercices posent problème.

Reconnaissance des nombres

Au début de la période

• Le maître (puis un élève) enlève ou cache un nombre du tableau de nombres et la classe doit le retrouver (oralement ou sur l'ardoise).
• Le maître (puis un élève) échange la place de deux ou trois nombres lorsque tous les élèves ferment les yeux : il s'agit de retrouver ces nombres le plus vite possible et de venir les remettre à leur place.
• L'enseignant pose des devinettes du type : *« Je suis après 45. Qui suis-je ? », « Je suis sous 36. Qui suis-je ? »*
• Le maître (puis un élève) dessine au tableau des barres pour les dizaines et des points pour les unités : il s'agit de trouver le nombre le plus rapidement possible.

L'utilisation du tableau est pratiquement quotidienne au cours de cette période.

Activités possibles sur les tableaux individuels

Les activités réalisées sur les « morceaux » de bande numérique en début de période 3 sont étendues sur le tableau de nombres.

Le maître commence par donner un nombre, les élèves recherchent ce nombre le plus rapidement possible. Avec le doigt ou un feutre, ils se déplacent sur le tableau en fonction des transformations (+ ou –) proposées par l'enseignant.

L'automatisation des déplacements et le fait de dire le nom du nombre sur lequel on se trouve permettent de travailler plusieurs savoirs et savoir-faire concernant :
– le nom des nombres ;
– les procédures de déplacement, notamment ajouter/enlever 1 ou 10, puis ajouter/enlever x unités et y dizaines ;
– la numération de position et le lexique : *« Ajoutez 2 dizaines et 4 unités (2 ↓ et 4 →). »* ;
– la compréhension de la signification de ce que l'on ajoute ou de ce que l'on enlève lorsque l'on décode un déplacement par 3 ← et 2 ↑, et que la consigne est : *« Dis ce que tu fais. » (« J'enlève 3 unités et 2 dizaines. »)* ;
– l'ajout et le retrait des dizaines pleines : + 20, – 30, + 40... ;
– le comptage de 2 en 2, puis de 5 en 5 et de 10 en 10...

Variantes

Les variantes sont les mêmes que celles faites sur les « morceaux » de bande numérique en début de période 5 (voir pp. 118-119). Le maître y ajoutera des calculs faits mentalement sans le support du tableau de nombres et pour lesquels la vérification se fait avec le tableau.

Les élèves disposent de leur ardoise. Le maître dicte : « *On part de 36, on ajoute 10...* », et il attend que les élèves lèvent le doigt pour montrer qu'ils ont le résultat de la transformation. Il demande ensuite d'ajouter 20 et il attend que les élèves lèvent le doigt. Puis, selon le même principe, il demande de retirer 2, d'ajouter 10, 3... Enfin, le maître demande d'écrire le résultat.

La vérification est réalisée soit au tableau sur le grand tableau de nombres de la classe, soit individuellement sur le tableau de nombres de chaque élève.

Automatisation des déplacements dans le tableau des nombres

Plus tard, dans la même période, le tableau servira à calculer les additions que l'on ne peut pas gérer en ligne ou à vérifier des opérations.

Chaque élève a à sa disposition ce tableau de nombres. Les élèves procèdent à la traduction des écritures par des déplacements :

– 27 + 42 = 27 + 10 + 10 + 10 + 10 + 2 : à partir de la case 27, on effectue le déplacement suivant : ↓ ↓ ↓ ↓ → →;

– 36 + 29 = 36 + 10 + 10 + 9 : à partir de la case 36, on effectue le déplacement suivant : ↓ ↓ → → → (changement de ligne) → → → → → →.

Très vite, les élèves sont amenés à simplifier le codage :

– 58 + 27 = 58 + 20 + 7 : 2 ↓ et 7 →;

– 79 – 36 = 79 – 30 – 6 : 3 ↑ et 6 ←.

Tous ces déplacements, associés à chaque fois au nom des « nombres résultats », permettent de travailler chaque jour la numération orale et les confusions que tous les maîtres de CP connaissent entre 14 et 41, entre 15 et 50...

Recherche d'un inconnu

Puis le maître fera procéder à des recherches d'inconnus, toujours avec l'aide du tableau de nombres :

« *Je m'appelle* x, *j'ai 5 dizaines, mon chiffre des unités est plus grand que 6 et plus petit que 8. Qui suis-je ?* »

« *Nous nous appelons* y, *notre chiffre des dizaines est le même que celui des unités. Combien sommes-nous ? Qui sommes-nous ?* »

« *Je m'appelle* z, *je suis compris entre 30 et 40 et mon chiffre des unités est 9. Qui suis-je ?* »

« *Je m'appelle* w, *je suis dans la colonne des 5 et j'ai 2 dizaines de plus que 40. Qui suis-je ?* »

Calcul d'écart

En fin de période et jusqu'à la fin de l'année, le tableau pourra aussi permettre de calculer des écarts, par exemple entre 25 et 62 (3 ↓ et 7 →, donc 37). Sous forme de jeu ou de défi, avec le support du tableau, les élèves deviendront capables de donner l'écart pour deux nombres quelconques compris entre 0 et 100.

Les élèves recherchent l'écart :
– d'abord dans la même colonne, par exemple : entre 20 et 60, entre 35 et 55... ;
– puis avec un changement de colonne, par exemple : entre 12 et 37 (de 12 à 32 : 2 ↓ et de 32 à 37 : 5 →, donc l'écart est de 25) ;
– enfin, avec un changement de colonne et de ligne, par exemple : entre 26 et 82 (de 26 à 76 : 5↓ et de 76 à 82 : 6→, donc l'écart est de 56).

CP : période 7

18

Numération et calcul

Sur cette dernière période, les exercices proposés permettent de réinvestir toutes les connaissances concernant les notions abordées au cours de l'année sous la forme traditionnelle que l'on trouve dans tous les fichiers ou manuels de CP. Le maître conservera cependant chaque jour la séquence de calcul sur les nombres portant sur :
– le calcul automatisé concernant les doubles, les décompositions du nombre 10... ;
– le calcul réfléchi : se servir des doubles, des décompositions du nombre 10, du complément à la dizaine suivante, ajouter 10 et enlever 1 pour ajouter 9... ;
– la numération : rangement, ordre, intercalation...

L'objectif pour le maître est de permettre aux élèves de travailler mentalement en se passant progressivement du tableau de nombres et de la bande numérique. Les élèves effectuent donc les exercices qui suivent sans le tableau de nombres.

Exercice 45

Compétence

Ajout de dizaines pleines entre elles.

Consigne

Effectue les opérations.

50 + 40 = ...	60 + 20 = ...	40 + 40 = ...	80 + 10 = ...
20 + 10 = ...	30 + 30 = ...	50 + 30 = ...	50 + 20 + 10 = ...
30 + 30 + 30 = ...	20 + 20 + 20 = ...	10 + 10 + 30 = ...	20 + 30 + 10 = ...

Exercice 46

Compétence

Retrait de dizaines pleines entre elles.

Consigne

Effectue les opérations.

50 – 40 = ...	60 – 20 = ...	90 – 40 = ...	80 – 10 = ...
20 – 10 = ...	30 – 10 = ...	50 – 30 = ...	50 – 20 = ...
30 – 30 = ...	80 – 20 = ...	60 – 30 = ...	70 – 50 = ...

Exercice 47

Compétence

Ajout de dizaines pleines et d'unités.

Consigne

Effectue les opérations.

50 + 6 + 20 = ...	40 + 40 + 5 = ...	20 + 60 + 4 = ...
5 + 80 + 10 = ...	70 + 10 + 6 = ...	20 + 30 + 1 = ...
50 + 9 + 40 = ...	30 + 50 + 8 = ...	3 + 20 + 30 = ...

Exercice 48

Compétence

Retrait de dizaines pleines et d'unités.

Consigne

Effectue les opérations.

80 + 6 – 20 = ...	5 + 60 – 30 = ...	50 – 30 + 5 = ...
40 – 10 + 9 = ...	7 + 90 – 10 = ...	50 + 6 – 10 = ...
80 – 40 + 2 = ...	10 – 10 + 5 = ...	70 + 6 – 50 = ...

Exercice 49

Compétence

Ajout de dizaines pleines à un nombre donné.

Consigne

Effectue les opérations.

56 + 20 = ...	86 + 10 = ...	64 + 30 = ...	25 + 20 = ...
34 + 40 = ...	76 + 20 = ...	28 + 30 = ...	40 + 44 = ...
60 + 34 = ...	53 + 30 = ...	20 + 78 = ...	68 + 20 = ...

Exercice 50

Compétence

Retrait de dizaines pleines à un nombre donné.

Consigne

Effectue les opérations.

98 – 20 = ...	52 – 10 = ...	36 – 10 = ...	55 – 20 = ...
76 – 40 = ...	86 – 40 = ...	35 – 20 = ...	49 – 30 = ...
61 – 50 = ...	28 – 10 = ...	56 – 50 = ...	99 – 40 = ...

Exercice 51

Compétence

Retrait de dizaines pleines à un nombre donné avec x.

Consigne

Effectue les opérations.

$50 + x = 90$	$x = ...$
$80 - x = 20$	$x = ...$
$50 + x + 4 = 84$	$x = ...$
$60 - x + 7 = 37$	$x = ...$
$40 - 10 + x = 35$	$x = ...$
$65 + x = 95$	$x = ...$
$74 - x = 24$	$x = ...$

Exercice 52

Complète le tableau.

82	quatre-vingt-deux	││││││││ □□	80 + 2	10 + 10 + 10 + 10 + 10 + 10 + 10 + 10 + 2	50 + 30 + 2
70					
				10 + 10 + 10 + 10 + 10 + 10 + 3	
	quarante-quatre				
			90 + 3		
		│││ □□□□			
					20 + 30 + 6
		││ □□□□□			
			10 + 7		

Ordre et intercalation

L'enseignant proposera aussi au cours de cette période tous les exercices de positionnement d'un nombre sur la droite numérique : placer un nombre sur une droite graduée ou donner la valeur d'une graduation sur une droite numérique où seules sont données les dizaines.

Déterminer si une opération doit être posée ou non

Exercice 53

Regarde ces opérations. Écris L si tu penses calculer l'opération en ligne et C si tu penses la calculer en colonne.

56 + 23 = ...	27 + 36 = ...	81 + 12 = ...
36 + 4 = ...	24 + 25 + 26 + 29 = ...	34 + 37 + 9 = ...
12 + 14 + 11 = ...	22 + 22 + 22 = ...	97 – 25 = ...

Écrire le programme opératoire d'un problème

Le maître propose des problèmes qui vont permettre aux élèves d'établir une relation entre deux programmes opératoires. Par exemple :
– $25 + x = 50$ correspond à $50 - 25 = x$;
– $x + 36 = 49$ correspond à $49 - 36 = x$.

Même si ces égalités ont été abordées avec les trios, il est important de montrer aux élèves la correspondance de ces programmes opératoires dans le cadre de la résolution de problèmes : il est plus simple de taper une soustraction à la calculatrice que de résoudre une addition à trous que la calculatrice ne sait pas calculer. Le maître habituera donc les élèves à écrire le programme opératoire en utilisant x (« ce que l'on cherche ») et ensuite à trouver un programme opératoire avec $x = ...$ pour pouvoir calculer x si x représente une transformation, un des deux états ou un état initial, un tout, un complément, etc.

Exemple

Dans une école, il y a 82 élèves. 37 sont des garçons.
Combien y a-t-il de filles ?

Phrases mathématiques représentant le problème :
$37 + x = 82$ ou $82 - 37 = x$ (plus rarement $82 - x = 37$).

CE1 : période 1

19

Révision concernant les nombres de 0 à 100

Exercice 1

Trouve la règle et complète.

58, 60, 62, ... 96
30, 40, 50, ... 100
10, 15, ... 100
98, 96, 94, 92, 90, ... 64
100, 95, 90, ... 20

Exercice 2

Place les nombres suivants au bon endroit, d'abord sur la première droite puis sur la seconde.

56 84 93 64 77 49 52 87

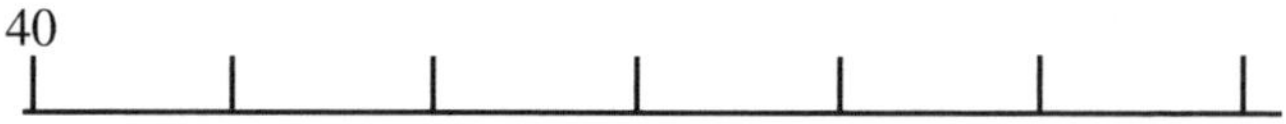

Exercice 3

Place les nombres suivants au bon endroit, d'abord sur la première droite puis sur la seconde.

4 d et 6 u	6 d et 8 u	9 d et 1 u	8 d	7 u et 8 d	60 + 1
40 + 8	90 + 7	80 + 4	6 + 70	9 + 50	5 + 70
60 + 12	70 + 4	80 + 16	90 + 3	4 + 50	2 + 90

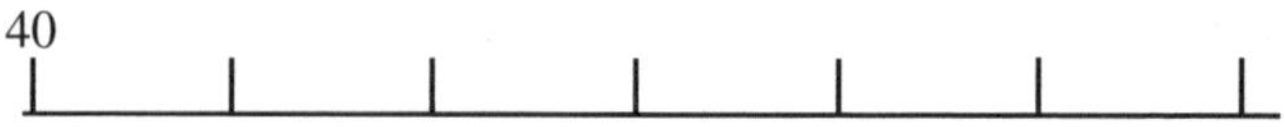

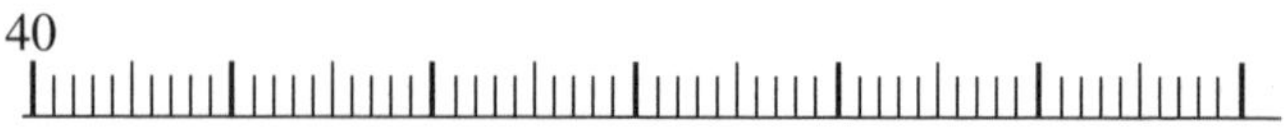

Calcul réfléchi

Exercice 4

Complète les trios, puis donne les quatre opérations.

<table><tr><td colspan="2">72</td></tr><tr><td>...</td><td>12</td></tr></table>

....
....

<table><tr><td colspan="2">...</td></tr><tr><td>14</td><td>80</td></tr></table>

....
....

Exercice 5

Écris des phrases mathématiques et donne la valeur de *x*.

6 0 *x* 7 2 – + = : .... *x* = ...
8 0 *x* 1 5 – + = : .... *x* = ...
7 0 *x* 1 9 – + = : .... *x* = ...
9 0 *x* 6 – + = : .... *x* = ...

Exercice 6

Donne le résultat des opérations et code :
- ♥ : su par cœur ;
- d : je passe par les doubles ;
- 10 : complément à la dizaine supérieure.

8 + 8 = ...	10 + 5 = ...	9 + 8 = ...	20 + 9 =	7 + 7 = ...
9 + 5 = ...	17 + 8 = ...	54 + 6 = ...	30 + 20 = ...	28 + 3 = ...
60 + 5 = ...	9 + ... = 18	60 + ... = 68	15 + 5 = ...	80 + 17 = ...

Exercice 7

Applique la règle suivante pour calculer ces opérations : pour ajouter 9, j'ajoute 10 et j'enlève 1 (+ 10, – 1).

18 + 9 = 28 – 1 = 27 37 + 9 = ...
56 + 9 = ... 82 + 9 = ...
47 + 9 = ... 75 + 9 = ...
63 + 9 = ... 74 + 9 = ...

Exercice 8

Calcule comme le modèle.

Ajout de dizaines pleines entre elles	**Ajout de dizaines pleines à un nombre**
20 + 20 = 40	36 + 30 = 30 + 30 + 6 = 60 + 6 = 66
50 + 40 = ...	48 + 30 =...
30 + 30 = ...	59 + 30 = ...
60 + 30 = ...	78 + 20 = ...
80 + 10 = ...	49 + 40 = ...
40 + 30 = ...	53 + 40 = ...

Exercice 9

Complète.

7 + 3 = 10 donc 70 + 30 = 100
8 + 2 = ... donc 80 + 20 = ...
5 + 5 = ... donc ... + ... = ...

Problèmes

Exercice 10

Complète les trios et écris le programme opératoire avec *x*.

1. Dans une classe, il y a 17 filles et 12 garçons.
Quel est le nombre d'élèves ?

<table><tr><td colspan="2">...</td></tr><tr><td>...</td><td>...</td></tr></table>

. . . .

2. Dans une classe, il y a 24 élèves dont 11 garçons.
Quel est le nombre de filles ?

<table><tr><td colspan="2">...</td></tr><tr><td>...</td><td>...</td></tr></table>

. . . .

3. Dans une classe, il y a 21 élèves, 5 sont absents.
Quel est le nombre de présents ?

...	
...	...

....

4. Dans une classe, il y a 14 filles et 27 élèves en tout.
Quel est le nombre de garçons ?

...	
...	...

....

5. Dans une classe, il y a des filles et 15 garçons. Il y a 28 élèves en tout.
Quel est le nombre de filles ?

...	
...	...

....

Exercice 11

L'enseignant proposera aux élèves des problèmes identiques à ceux de l'exercice 10 avec un ascenseur qui monte et qui descend, un bus avec des passagers qui montent et qui descendent, un porte-monnaie qui se vide et qui se remplit...

Exercice 12

Un enfant joue avec deux dés. Le dé bleu fait avancer le chiffre des dizaines, le dé rouge fait reculer le chiffre des unités. Donne à chaque fois le programme opératoire et la case d'arrivée.

Case départ 48 : dé bleu 3, dé rouge 6 : .... Case d'arrivée : ...
Case départ 35 : dé bleu 5, dé rouge 2 : .... Case d'arrivée : ...
Case départ 67 : dé bleu 2, dé rouge 4 : .... Case d'arrivée : ...
Case départ 19 : dé rouge 4, dé bleu 6 : .... Case d'arrivée : ...
Case départ 88 : dé rouge 8, dé bleu 1 : .... Case d'arrivée : ...
Case départ 51 : dé rouge 1, dé bleu 5 : .... Case d'arrivée : ...

CE1 : période 2

20

Les nombres de 0 à 999

En manipulation avec le matériel, puis par écrit.

Exercice 13

Donne (ou écris) les nombres suivants.

 : ....

 : ....

Exercice 14

Code ces nombres avec □, | et □ (sur ardoise, puis par écrit).

536 →
187 →
603 →
920 →

Exercice 15

Écris ces nombres.

4c 6d 2u : ......
6c 4d 2u : ......
5c 8u : ......
2c 4d : ......
2u 5c 9d : ......
7d 4u 5c : ......

Exercice 16

Décompose comme le modèle (oralement, puis par écrit).

634 = 600 + 30 + 4
752 = ...
692 = ...
542 = ...
805 = ...
890 = ...

Exercice 17

Donne le résultat (oralement, puis par écrit).

100 + 20 + 4 = ...
200 + 60 + 8 = ...
600 + 40 + 6 = ...
400 + 50 = ...
20 + 600 = ...
1 + 800 = ...

300 + 50 + 4 = ...
900 + 80 + 7 = ...
500 + 7 = ...
3 + 40 + 800 = ...
80 + 6 + 500 = ...
90 + 6 + 700 = ...

Puis complète.

278 = 200 + ... + 8
645 = 5 + 600 + ...
249 = ... + ... + 200
... = 5 + 600 + 80

999 = 900 + ... + ...
8... = ... + 50 + 7
...5... = 300 + 6 + ...

Exercice 18

Trouve la règle et complète (oralement avec le groupe-classe, puis individuellement par écrit).

166, 168, 170, ... 200
640, 650, 660, 670, ... 810
220, 225, ... 305
998, 996, 994, 992, 990, ... 964
510, 505, 500, 495, 490, ... 415

Exercice 19

« Casse » les centaines pour donner le nombre de dizaines que l'on peut obtenir.

Nombre — **Nombre de dizaines**

234 — 20 + 3 = 23

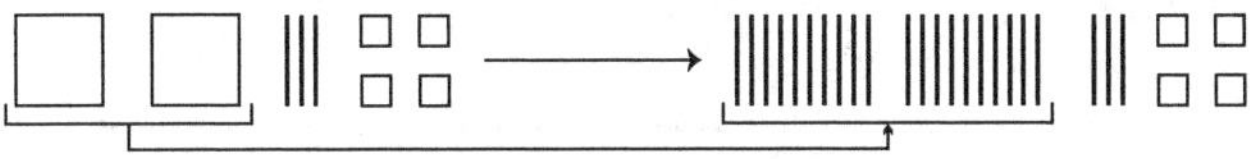

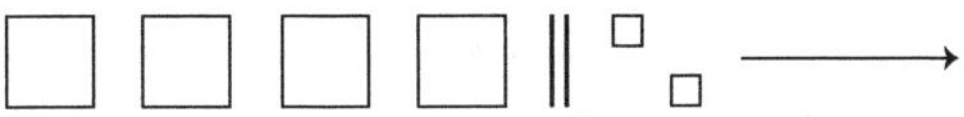

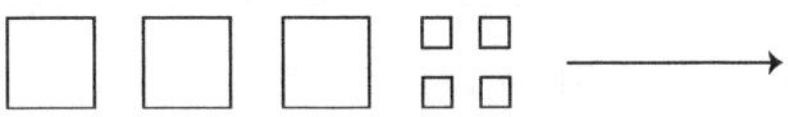

Exercice 20

Les exercices suivants seront proposés plusieurs fois afin de familiariser les élèves à des procédures pour comparer, ranger, classer ou décomposer car ils mobilisent des savoirs et des savoir-faire nécessaires tout au long des apprentissages numériques de l'école. Par exemple :

• Avec les chiffres 8, 4 et 1, trouve tous les nombres de 1, 2 ou 3 chiffres (sans répéter le même chiffre) que tu peux écrire et range-les du plus petit au plus grand (d'abord oralement en grand groupe, puis individuellement par écrit).

• Avec les chiffres 2, 9 et 6, trouve le plus de nombres possibles de 1, 2 ou 3 chiffres (tu peux répéter le même chiffre) que tu peux écrire et range-les du plus petit au plus grand (d'abord par groupes de deux, puis individuellement par écrit).

Calcul réfléchi

Exercice 21

Calcule comme le modèle (en groupe, puis individuellement par écrit).

298 + 5 = 298 + 2 + 3 = 300 + 3 = 303
694 + 8 = ... + ... + ... = ... + ... = ...
792 + 9 = ... + ... + ... = ... + ... = ...
898 + 6 = ... + ... + ... = ... + ... = ...
597 + 8 = ... + ... + ... = ... + ... = ...
199 + 4 = ... + ... + ... = ... + ... = ...

Exercice 22

Calcule comme le modèle.

192 + x = 500	192 + **8** → 200 + **300** → 500	x = **308**
596 + x = 800	596 + ... → 600 + ... → 800	x = ...
791 + x = 900	791 + ... → 800 + ... → 900	x = ...
294 + x = 700	294 + ... → 300 + ... → 700	x = ...

Problèmes

Exercice 23

En lecture, le maître propose des « problèmes-puzzles » :

Découpe les différentes parties du problème et colle-les dans l'ordre.

✂...

156 + 149 + 27 = 332

✂...

Le papa et la maman de Léa lui ont acheté un lit, un matelas et une housse de couette. Le lit coûte 156 euros, le matelas 149 euros et la housse de couette 27 euros.

✂...

Ils paieront 332 euros.

✂...

Combien devront-ils payer ?

✂...

Exercice 24

En production d'écrit, le maître demande d'écrire des énoncés de problèmes.

1. Donne l'énoncé d'un problème dont la solution est :
14 + 56 + 48 = 118.

2. Donne l'énoncé d'un problème dont la solution est :
258 – 114 = 144.

3. Donne l'énoncé d'un problème dont la solution est :
314 + 27 – 19 = 322.

Exercice 25

À ce moment des apprentissages, le maître pourra demander le programme opératoire et la phrase réponse, ainsi que le calcul posé si la calculatrice n'est pas autorisée.
Il pourra proposer des problèmes avec composition de transformations (seulement positives ou seulement négatives, puis des deux).

Écris le programme opératoire, puis donne la phrase réponse.

1. J'étais à la page 125 de mon livre. Ce matin, j'ai lu 68 pages et 87 cet après-midi.
À quelle page suis-je maintenant ?
Programme opératoire : ....
Réponse : ....

2. Hier, il me restait 259 pièces de mon puzzle à placer. Ce matin, j'en ai placé 153 et 22 cet après-midi.
Combien me reste-t-il de pièces à poser ?
Programme opératoire : ....
Réponse : ....

3. Pierre avait 248 euros dans son porte-monnaie. Sa grand-mère lui a donné 45 euros pour son anniversaire et il a acheté un jeu vidéo à 72 euros.
Combien a-t-il dans son porte-monnaie ?
Programme opératoire : ....
Réponse : ....

4. Paul a 248 euros dans son porte-monnaie depuis que sa mamie lui a donné 25 euros et que sa maman lui a donné 10 euros d'argent de poche.
Combien avait-il d'argent avant dans son porte-monnaie ?
Programme opératoire : ....
Réponse : ....

Le maître proposera aussi des problèmes avec recherche d'une des transformations ou recherche de l'état initial.

CE1 : période 3

21

Les nombres de 0 à 999

Exercice 26

Place les nombres au bon endroit sur la première droite, puis sur la seconde.

557 582 599 565 570 541 555 581

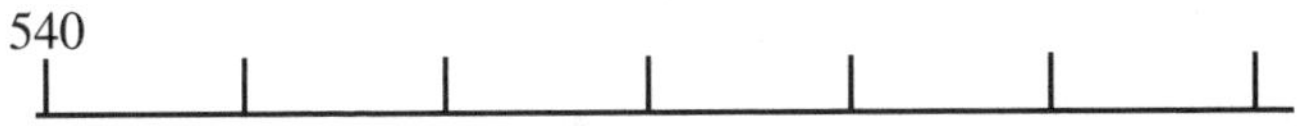

Remarque
Ces exercices « classiques » peuvent être donnés régulièrement.

Exercice 27

Range ces nombres du plus petit au plus grand.

540 256 652 405 564 455 254

Exercice 28

Entoure le chiffre des dizaines en bleu et le nombre de dizaines en rouge.

245 657 258 369 147 268 248 357 159 847

Exercice 29

Donne toutes les valeurs de x.

$172 < x < 178$ $x =$ ....
$284 > x > 279$ $x =$ ....
$199 < x < 203$ $x =$ ....
$308 > x > 291$ $x =$ ....

Exercice 30

Encadre les nombres suivants à l'unité près, puis à la dizaine près et, enfin, à la centaine près.

175 < 176 < 177	170 < 175 < 180	100 < 175 < 200
... < 245 < ...	... < 245 < ...	... < 245 < ...
... < 369 < ...	... < 369 < ...	... < 369 < ...
... < 524 < ...	... < 524 < ...	... < 524 < ...
... < 650 < ...	... < 650 < ...	... < 650 < ...

La multiplication

Exercice 31

Écris ces opérations avec le signe ×.

5 + 5 + 5 + 5 + 5 + 5 + 5 + 5 + 5 + 5 = ...
7 + 7 + 7 = ...
3 + 3 + 3 + 3 + 3 + 3 + 3 + 3 = ...
21 + 21 + 21 + 21 = ...
10 + 10 + 10 + 10 + 10 + 10 + 10 + 10 + 10 + 10 + 10 + 10 = ...

Exercice 32

Écris ces opérations sous une forme additive.

10 × 4 = ...
56 × 3 = ...
11 × 7 = ...
157 × 9 = ...

Exercice 33

Réécris ces sommes avec les signes + et ×.

8 + 8 + 8 + 8 + 8 + 8 + 9 + 9 + 9 + 9 = ...
10 + 10 + 10 + 10 + 2 + 2 + 2 + 2 + 2 + 2 + 2 + 2 + 2 = ...
25 + 7 + 7 + 7 + 25 + 25 + 25 + 25 + 7 + 7 + 7 + 7 + 7 = ...
4 + 4 + 4 + 6 + 4 + 6 + 6 + 6 + 4 + 4 = ...

Exercice 34

Complète comme le modèle.

5 + 5 + 5 + 5 + 5 + 5 + 5 = 5 × 7 = 7 × 5 = 7 + 7 + 7 + 7 + 7
3 + 3 + 3 + 3 = ... × ... = ... × ... = ...

.... = 2 × 8 = ... × ... = ...
.... = ... × ... = 4 × 11 = ...
.... = ... × ... = ... × ... = 6 + 6 + 6 + 6 + 6 + 6 + 6 + 6 + 6

Calcul réfléchi

Exercice 35

Observe le modèle puis réécris la soustraction pour qu'elle soit plus simple à calculer. (D'abord par groupes de deux puis individuellement.)

34 – 18 = 36 – 20 = 16
47 – 29 = ...
42 – 15 = ...
52 – 28 = ...
71 – 37 = ...
253 – 44 = ...
658 – 39 = ...

Exercice 36

Calcule comme le modèle. (Calcul rapide en ligne.)

38 + 39 = 30 + 30 + 8 + 9 = 60 + 17 = 77
56 + 28 = ...
26 + 49 = ...
35 + 69 = ...
58 + 17 = ...
21 + 69 = ...

Exercice 37

Calcule comme le modèle. (Calcul rapide en ligne.)

245 + 329 = 200 + 300 + 40 + 20 + 5 + 9 = 500 + 60 + 14 = 574
158 + 435 = ...
629 + 237 = ...
907 + 59 = ...
777 + 115 = ...

Problèmes

Objectifs de la période :

– le choix du champ conceptuel ;
– le choix de la bonne opération.

Les exercices sont d'abord proposés oralement (le maître lit les énoncés, les élèves rédigent les programmes opératoires), puis individuellement par écrit.

Exercice 38

Pour chacun de ces problèmes, donne le programme opératoire.

1. Papa est au 17e étage, il prend l'ascenseur et monte de 12 étages. À quel étage va-t-il se retrouver ?
Programme opératoire : ....

2. Pierre achète 12 livres à 17 euros. Combien va-t-il payer ?
Programme opératoire : ....

3. Marie a 17 ans, sa sœur a 12 ans de moins. Quel âge a sa sœur ?
Programme opératoire : ....

4. Bernard a 12 ans. Dans combien d'années aura-t-il 17 ans ?
Programme opératoire : ....

5. Pauline avait des billes. À la récréation, elle en gagne 12. Maintenant, elle en a 17. Combien avait-elle de billes avant la récréation ?
Programme opératoire : ....

6. Dans une cantine, il y a 17 tables de 12 places. Combien d'enfants peuvent manger dans cette cantine ?
Programme opératoire : ....

7. Il y a 85 passagers dans un train. À la gare, 17 personnes montent et 12 descendent. Combien y a-t-il de passagers dans le train maintenant ?
Programme opératoire : ....

8. Mon livre de bibliothèque fait 17 pages. Il me reste 12 pages à lire. À quelle page me suis-je arrêtée ?
Programme opératoire : ....

9. Ce matin, j'ai fait 17 kilomètres à vélo et cet après-midi, j'ai fait 12 kilomètres à pied. Combien de kilomètres ai-je faits dans la journée ?
Programme opératoire : ....

10. Il y a 17 fleurs dans un vase. 12 sont fanées. Combien de fleurs ne sont pas fanées ?
Programme opératoire : ....

11. J'ai un album de timbres de 12 pages. Il y a 17 timbres par page. Combien ai-je de timbres ?
Programme opératoire : ....

Exercice 39

Écris un problème dont le programme opératoire est le suivant :
17 × 12 = ...
17 + 12 = ...
17 – 12 = ...

Remarque
Tous ces problèmes pourront ensuite donner lieu à une rédaction des réponses avec recherche des résultats en calcul instrumenté ou posé.

Exercice 40

Pour chacun des problèmes, donne le programme opératoire et calcule le résultat de tête ou avec la calculatrice.

1. Maman a un service de 48 verres. En rangeant son meuble, elle en casse 12. Combien lui en reste-t-il ?

2. Dans un vase, il y a 26 roses, 18 iris et 49 œillets. Combien y a-t-il de fleurs en tout ?

3. Pendant un tournoi de football, on a fait 6 équipes de 7 joueurs et 4 équipes de 8 joueurs. Combien y a-t-il de joueurs ?

4. Papa a acheté 5 rosiers à 18 euros. Combien a-t-il payé ?

5. J'avais 245 euros dans mon porte-monnaie. Mamie m'a donné 38 euros et j'ai dépensé 51 euros pour un jeu de société. Combien y a-t-il maintenant dans mon porte-monnaie ?

6. J'ai envoyé trois fléchettes dans le 10, quatre fléchettes dans le 5 et deux fléchettes dans le 1. Quel est mon score ?

7. Dans une école, il y a 82 élèves. 37 sont des garçons. Combien y a-t-il de filles ?

8. Pierre a déjà placé 83 pièces de son puzzle qui en fait 100. Combien lui reste-t-il de pièces à placer ?

Remarque
Les élèves résolvent ces problèmes individuellement.

CE1 : période 4

22

Les nombres de 0 à 999

Exercice 41

Fais comme le modèle.

256 = 200 + 50 + 6 = (2 × 100) + (5 × 10) + 6
367 = ...
458 = ...
590 = ...
207 = ...

Exercice 42

Complète.

897 = 800 + 90 + 7 = (8 × 100) + (9 × 10) + 7
531 = ... + ... + ... = (... × 100) + (... × 10) + ...
674 = ...
550 = ...
... = 700 + 60 + 9 = (.........) + (.........) + ...
... = ... + ... + ... = (8 × 100) + (6 × 10) + 9

Exercice 43

Entoure le chiffre des centaines en vert, le chiffre des dizaines en bleu, le chiffre des unités en rouge, puis souligne le nombre de dizaines.

543 258 761 772 980 501 665 710

Exercice 44

Qui suis-je ?

J'ai 5c, 8u et 6d : ....
J'ai 5c, 6d et 7u : ....
J'ai 1c, 9d et 0u : ....

J'ai 54d et 9u :...............
J'ai 8c et 4u : ....
J'ai 36d : ....

Exercice 45

Trouve la règle et continue. (Oralement, puis par écrit individuellement.)

110, 120, ... 230
305, 310, ... 365
440, 430, ... 320
555, 550, ... 495
296, 298, ... 320
250, 300, ... 850
125, 150, ... 425

Calcul réfléchi

Exercice 46

Complète.

98 + ... = 200	150 + ... = 200	56 + ... = 100	45 + ... = 100
84 + ... = 200	125 + ... = 200	40 + ... = 100	3 + ... = 100
189 + ... = 200	175 + ... = 200	20 + ... = 100	15 + ... = 100
795 + ... = 800	675 + ... = 700	30 + ... = 100	63 + ... = 100
497 + ... = 600	575 + ... = 800	14 + ... = 100	32 + ... = 100

Exercice 47

Complète en passant par la dizaine supérieure.

495 + 8 = ...	694 + 8 = ...	798 + 9 = ...	899 + 4 = ...
391 + 9 = ...	295 + 6 = ...	294 + 9 = ...	599 + 5 = ...
592 + 9 = ...	899 + 8 = ...	196 + 9 = ...	799 + 6 = ...

Exercice 48

Remplace les différences suivantes par des différences plus simples à calculer.

92 – 19 = ... – ... = ...	673 – 27 = ... – ... = ...
187 – 38 = ... – ... = ...	952 – 27 = ... – ... = ...
271 – 35 = ... – ... = ...	591 – 52 = ... – ... = ...

Remarque

Pendant cette période, le maître réactivera régulièrement les procédures :
- pour ajouter 9 (+ 10, – 1) ;
- pour enlever 9 (– 10, + 1) ;
- sur les doubles ;
- sur les additions de dizaines pleines...

Calcul automatisé

Le maître proposera aux élèves de calculer des produits des tables de 2, de 5 et de 10 chaque jour (oralement et parfois par écrit).

Exercice 49

Donne le produit qui correspond aux résultats.

18 = ... × ...	14 = ... × ...	20 = ... × ...	8 = ... × ...
45 = ... × ...	30 = ... × ...	35 = ... × ...	15 = ... × ...
40 = ... × ...	10 = ... × ...	50 = ... × ...	25 = ... × ...

Exercice 50

Calcule le produit, puis additionne.

(2× 5) + 7 = ...	(4 × 5) + 9 = ...	(9 × 5) + 3 = ...
(6 × 5) + 8 = ...	(5 × 5) + 2 = ...	(2 × 5) + 8 = ...
(7 × 5) + 2 = ...	(8 × 5) + 4 = ...	(3 × 5) + 7 = ...
(9 × 5) + 1 = ...	(10 × 5) + 6 = ...	(8 × 5) + 2 = ...

Problèmes

En plus des problèmes sur les trois opérations, l'enseignant introduira des problèmes de recherche portant sur les trois opérations avec un travail sur la présentation et la représentation du problème (tableau, dessin, énoncé, graphiques, schémas, cartes, questionnement avec calcul intermédiaire...).

Exercice 51

Écris le programme opératoire, calcule en ligne ou pose l'opération. Vérifie tes calculs à la calculatrice, puis donne une phrase réponse.

1. Dans un plateau de 46 abricots, 15 sont abîmés. On les jette. Combien en reste-t-il ?
Programme opératoire : ....
Réponse : ....

2. Louis a 46 ans. Il a 15 ans de moins que Paul. Quel est l'âge de Paul ?
Programme opératoire : ....
Réponse : ....

3. Habib avait 46 billes. Il en a gagné 15 à la récréation. Combien en a-t-il maintenant ?
Programme opératoire : ....
Réponse : ....

4. Malika a 46 euros. Elle dépense 15 euros. Combien possède-t-elle maintenant ?
Programme opératoire : ....
Réponse : ....

5. Dans un car de 46 places, 15 sièges sont occupés. Combien de voyageurs peuvent encore s'asseoir ?
Programme opératoire : ....
Réponse : ....

6. Un parking de supermarché a été dessiné avec 46 lignes et 15 colonnes. Combien de voitures peuvent s'y garer ?
Programme opératoire : ....
Réponse : ....

7. Au premier arrêt de l'autocar, 15 personnes descendent et 46 montent. Combien y a-t-il de personnes en plus dans l'autocar ?
Programme opératoire : ....
Réponse : ....

8. Marion a fait un bouquet de 12 fleurs. 8 sont des tulipes, les autres sont des roses. Combien Marion a-t-elle de roses ?
Programme opératoire : ....
Réponse : ....

9. Lucas a 12 souris blanches et 8 hamsters. Combien possède-t-il d'animaux ?
Programme opératoire : ....
Réponse : ....

10. Kevin a acheté 5 tablettes de chocolat à 3 euros et 2 pains à 2 euros. Combien a-t-il payé ?
Programme opératoire : ....
Réponse : ....

11. Paul joue aux dés. Le dé rouge le fait avancer sur la piste. Le dé bleu le fait reculer. Il fait 6 avec le dé rouge et 4 avec le dé bleu. Que doit-il faire de son pion ?
Programme opératoire : ....
Réponse : ....

12. Aujourd'hui, Nadia a fait 3 parties de billes. Avant de jouer, elle avait 80 billes. À la première partie, elle a perdu 20 billes. À la deuxième

partie, elle en a gagné 15. Enfin, à la dernière partie, elle a gagné 10 billes. Combien de billes a-t-elle maintenant ?
Programme opératoire : ....
Réponse : ....

13. Aujourd'hui, Nadia a fait 3 parties de billes. À la première partie, elle a perdu 20 billes. À la deuxième partie, elle en a gagné 15. Enfin, à la dernière partie, elle a gagné 10 billes. Combien de billes a-t-elle gagnées aujourd'hui ?
Programme opératoire : ....
Réponse : ....

Problèmes (transposition de pratiques sociales)

Pour les autres problèmes où la représentation même du problème peut amener des difficultés du fait de la présentation, les séances de résolution commenceront toujours par une appropriation de l'énoncé et une utilisation du support de cet énoncé (graphique, dessin, carte, schéma, tableaux, facture...).
La difficulté la plus ardue est très souvent la méconnaissance sociale de ce type de support et on travaille plus en lecture-compréhension d'un écrit social qu'en mathématiques. Ce travail nécessaire est pris en partie sur l'horaire de lecture.
Les meilleurs supports restent les supports « authentiques » : tarifs d'hôtel ou de restaurant, carnet de timbres, factures, catalogue de jouets avec commande, cartes routières, tarifs de produits régionaux... Il suffit d'effacer les centimes d'euros pour rester sur des nombres entiers.

CE1 : période 5

23

Les nombres à quatre chiffres : les lire, les dire et les écrire

Oralement, l'enseignant travaille ces trois aspects et fait apparaître les nombres à quatre chiffres dans les exercices de rangement, d'intercalation... déjà proposés au cours des périodes précédentes.
Les exercices de numération de cette dernière période seront proposés sous la forme de défis.

Exercice 52

1. Combien y a-t-il de chiffres qui comportent un « 3 » entre 300 et 400 ? (Pense à chacun des rangs : unités, dizaines et centaines.)

2. Combien y a-t-il de mots qui comportent « trois » entre 300 et 400 ? (Fais attention à la différence entre 3 et 13.)

3. Combien y a-t-il de mots qui comportent « onze » entre 200 et 300 ? (Pense bien à 71 et à 91.)

Remarque
Le maître continuera à proposer les décompositions de nombres sous formes additive et multiplicative, des rangements, des intercalations, des encadrements... lors des moments de « gymnastique mathématique », mais de manière très rapide dans cette 5e période. Il fera prendre conscience aux élèves que ces compétences acquises en numération vont servir et servent déjà à résoudre les problèmes (ils n'en ont pas toujours conscience).

Calcul réfléchi

Le maître proposera régulièrement un entraînement et un apprentissage des tables de multiplication oralement et/ou sur l'ardoise.

Exercice 53

Calcule en ligne comme le modèle.

$17 \times 5 = (10 + 7) \times 5 = (10 \times 5) + (7 \times 5) = 50 + 35 = 85$
$14 \times 5 =$ ....

$12 \times 5 =$ ....

$19 \times 2 =$ ....

$14 \times 2 =$ ....

$15 \times 9 =$ ....

Exercice 54

Raccourcis les phrases mathématiques pour arriver à une seule opération.

$(7 \times 5) + (3 \times 5) = 10 \times 5$

$(2 \times 7) + (2 \times 2) =$ ....

$(4 \times 8) + (3 \times 4) =$ ....

$(11 \times 9) + (6 \times 11) =$ ....

$(4 \times 14) + (4 \times 14) + (2 \times 14) =$ ....

$(17 \times 3) + (5 \times 17) + (2 \times 17) =$ ....

Exercice 55

Calcule.

$(4 \times 5) + 8 =$	$(3 \times 7) + 4 =$	$(6 \times 4) - 2 =$ ....
$(7 \times 5) + 4 =$	$(9 \times 6) + 3 =$	$(8 \times 4) + 7 =$ ....
$(4 \times 4) - 5 =$	$(8 \times 3) - 3 =$	$(7 \times 6) + 5 =$ ....

Exercice 56

Compétence

Apprendre à multiplier un entier par 10 et par 100.

Consigne

Complète.

$5 \times 10 = 50$	$7 \times 10 =$ ...	$2 \times 10 =$ ...
$2 \times 100 =$ ...	$6 \times 100 =$ ...	8 ... = 800
... $\times 10 = 90$	$5 \times$ ... $= 500$	... $\times 100 = 400$

Problèmes

L'enseignant propose aux élèves des problèmes identiques à ceux proposés à la période 4.

En toute fin d'année, il proposera également des problèmes de partage en liaison avec l'apprentissage et l'utilisation des tables de multiplication (voir l'exercice 57). Puis il proposera des problèmes de partage avec reste, avec l'aide des tables multiplication (voir l'exercice 58).

Exercice 57

Écris le programme opératoire avec x et réponds à la question.

1. J'ai reçu 35 euros en billets de 5 euros.
Combien ai-je de billets ?

2. Il y a 56 élèves à la cantine sur des tables de 7 places.
Quel est le nombre de tables ?

3. J'ai 48 œufs rangés dans des boîtes de 12.
Combien y a-t-il de boîtes ?

Exercice 58

Écris un programme opératoire avec les signes × et +, et donne la valeur de la part.

1. Partage 60 euros en 8 parts.

2. Partage 55 bonbons en 6 parts.

Remarque
Le maître y associera des exercices purement numériques du type :

60 = (8 × ...) + ... 35 = (4 × ...) + ...
57 = (9 × ...) + ... 28 = (6 × ...) + ...

Quatrième partie

LES CONDITIONS DES APPRENTISSAGES NUMÉRIQUES AU CYCLE 2

Mises au point didactiques et choix pédagogiques

L'enseignement du calcul et de la résolution de problèmes aujourd'hui

24

L'évolution de l'enseignement des mathématiques à l'école

Une brève analyse historique de l'enseignement du calcul et de la résolution de problèmes permet de mieux comprendre les enjeux du débat actuel.

De 1945 à 1970

L'école primaire fournit les bases d'une instruction jugée indispensable pour l'entrée dans la vie active (scolarité obligatoire fixée à 14 ans). L'enseignement de l'arithmétique (nombres entiers et rationnels), de l'algèbre, de la géométrie hypothético-déductive (géométrie euclidienne exclusivement) et de quelques éléments d'analyse (étude des fonctions) est réservé aux élèves poursuivant leurs études dans le second degré.

Il s'agit d'assurer au plus grand nombre la maîtrise du système décimal et, surtout, du système métrique, des techniques opératoires et de leur utilisation en vue de résoudre de manière conventionnelle des problèmes dans des contextes transposés des pratiques sociales de référence de l'époque (commerce, agriculture, métiers, vie privée).

Les concepts mathématiques ne sont pas étudiés pour eux-mêmes, mais en référence à une réalité empirique dans laquelle la mathématique est inscrite par convention. On cherche à faire vivre aux élèves de petites expérimentations où ils rencontrent les mathématiques telles que la société les utilise. Les exercices d'entraînement sont effectués sur des supports symboliques au moyen d'écritures mixtes (langue et symboles mathématiques) et s'appuient sur des rédactions de solutions stéréotypées. Les élèves sont davantage les scribes que les auteurs de ce langage conventionnel. Le raisonnement s'acquiert davantage par reproduction que par construction.

Jusqu'en 1970, les finalités de l'enseignement des mathématiques à l'école concernent donc la **transmission d'une culture**, d'autant mieux partagée que les parents ont reçu la même, à quelques détails près, en leur temps. Pour former le citoyen, le futur travailleur, il s'agit de transmettre des techniques, des méthodes de résolution et des systèmes conventionnels d'écriture, dans lesquels la rationalité mathématique est comme « encapsulée » et non apparente.

Au cours de cette période se développe un vaste courant réformateur qui pousse à la démocratisation de l'école (plan Langevin-Wallon, Éducation nouvelle, prise en compte de la psychologie scientifique) et à la liberté pédagogique. À la fin des années 1960, toutes les conditions sont réunies pour un profond changement des contenus et des méthodes.

De 1970 à 1977 : les mathématiques modernes

Dans les années 1970, la volonté affichée lors de la réforme dite des « mathématiques modernes » est d'intégrer l'enseignement des mathématiques de l'école dans un **processus à long terme**, de la maternelle à l'université. La scolarité obligatoire est fixée à 16 ans (collège unique).

Dans ce contexte, **il s'agit d'enseigner, dès l'école, la généralité mathématique** afin de permettre au futur adulte de s'adapter à la résolution des problèmes nouveaux auxquels il sera confronté. Le programme est rédigé pour la première fois sous la forme d'une liste de notions, de techniques et d'objets mathématiques à étudier. **Faire agir l'élève sur le réel**, afin de l'amener à en marquer symboliquement les transformations et à y lire les structures profondes mathématiques, devient la finalité principale. Pour cela, il convient de rechercher des « milieux » matériels dépouillés qui interagissent avec les élèves (cubes emboîtables, barres de dizaines, plaques de centaines, bouliers, etc.). Le symbolisme mathématique est à la fois trace et formulation du savoir. Le langage mathématique n'est pas qu'une simple sténographie du langage parlé. Les écritures mixtes sont abandonnées.
La réforme mathématique touche aussi bien aux contenus qu'aux méthodes pédagogiques. **L'apprentissage des structures mathématiques concourt au développement de l'intelligence.** L'apprentissage de la rigueur du raisonnement mathématique, et de la démonstration en particulier, apparaît comme le socle de l'apprentissage du raisonnement en général. La logique mathématique est objet d'enseignement dès l'école élémentaire.

Pour enseigner la nouvelle mathématique, les enseignants doivent disposer de moyens pour se former et échanger. Deux types de recherche sont encouragés : la recherche-action et le début de la recherche fondamentale (didactique des mathématiques) dans le cadre des instituts de recherche sur l'enseignement des mathématiques (IREM) et de l'Institut national de la recherche pédagogique (INRP).

De 1977 à 1985 : une période intermédiaire

Dès 1975, l'enseignement des mathématiques dites « modernes » est vivement critiqué. La rupture a été trop brutale pour être acceptée par des enseignants trop rapidement formés à ces nouveaux contenus ; les parents n'ont plus de points de repère. On constate vite que **la mise en évidence des structures mathématiques est plus un aboutissement qu'un préalable**. Si, avant 1970, l'enseignement des mathématiques se réduisait avant tout à l'apprentissage de techniques et de méthodes et à l'appropriation de systèmes conventionnels d'écriture, sans autoriser réellement la mise en évidence des concepts mathématiques sous-jacents, celui des années 1970 a eu trop tendance à ignorer la culture mathématique existante ainsi que la question de l'applicabilité des mathématiques aux sciences et aux pratiques sociales.

Le programme est donc remanié en profondeur et rédigé en termes d'objectifs qui relèvent à la fois de la pédagogie et de la mathématique. Il s'agit de **promouvoir une pédagogie par objectifs** concernant essentiellement des savoirs, des savoir-faire et des savoir-être (attitudes). **La notion de situation devient centrale.** Pour donner du sens aux notions mathématiques, les élèves doivent s'inscrire dans des situations appropriées. Par contre, le terme de « situation-problème » est réservé à des situations pour lesquelles les élèves ne disposent pas de procédures de résolution disponible en mémoire. Souvent ouvertes, elles ne visent pas toujours explicitement l'atteinte d'un objectif de savoir ou de savoir-faire précis.

L'apprentissage des mathématiques comporte également celui de la communication des démarches et de l'établissement de la validité d'une solution. Les techniques opératoires doivent être élaborées par les élèves avant d'être automatisées. Il s'agit de donner du sens aux techniques sociales grâce à la compréhension et à l'utilisation des propriétés des opérations.

Le programme de 1980 est au fondement de tous les programmes rédigés ultérieurement. La grande nouveauté concerne d'ailleurs la géométrie. Par rapport au programme des mathématiques modernes, il ne s'agit pas d'un complet retour en arrière. Ce programme confirme bien qu'il ne s'agit plus d'enseigner les mathématiques à partir de réalités empiriques dans lesquelles les mathématiques sont inscrites par convention. Mais, sans contenus fédérateurs, la diversité des approches didactiques s'accentue dès le début des années 1980. Confrontés à des objectifs trop larges, les enseignants peinent à les décomposer en un ensemble de sous-objectifs cohérents.

De 1985 à 1995

Après avoir promu une pédagogie de l'activité, puis une pédagogie par objectifs, le ministère de l'Éducation nationale intervient pour la mise en œuvre d'une **pédagogie différenciée**. Il s'agit de permettre à tous les élèves d'atteindre les objectifs fixés par les programmes et de promouvoir une **pédagogie de la réussite**. L'idée consiste à permettre aux élèves d'atteindre un même but par des voies différentes. L'apprentissage des procédures remplace celui des structures. De ce point de vue, la rupture avec la période des mathématiques modernes est consommée.

Pour favoriser la réussite des élèves, il s'agit également d'envisager des aides à l'apprentissage, notamment concernant celui de la résolution de problèmes qui est considérée comme centrale (situation-problème). **Les notions doivent apparaître comme des réponses à des problèmes.**

À partir de 1995

Le ministère de l'Éducation nationale organise la scolarité en cycles. Le programme de 1995 rentre en cohérence avec cette organisation et définit les **compétences à acquérir** par les élèves à la fin de chaque période de la scolarité. Les savoirs, les savoir-faire et les attitudes nécessaires à cette acquisition ne sont pas précisés. Les compétences, souvent mal définies, sont très hétérogènes. Les savoirs sont comme « encapsulés » dans les compétences. **Les finalités de l'enseignement des mathématiques et, en particulier, la culture mathématique sous-jacente au programme ne sont pas clairement définies.** Les parts accordées aux techniques opératoires, au calcul réfléchi et au calcul instrumenté ne sont pas explicitées.

L'absence de commentaires des programmes ou de documents d'application accentuent la diversité des approches didactiques, notamment par le truchement des choix, souvent disparates et non conformes au programme, effectués par certains auteurs de manuels. Les recherches en didactique n'ont que peu d'impact sur les pratiques courantes. Les résultats des évaluations en CE2 et en Sixième montrent le décalage entre les objectifs affichés dans les programmes et les objectifs réellement atteints.

Les programmes de 2002

Les programmes de 2002, préfacés par le ministre de l'Éducation nationale Jack Lang, sont rédigés en vue de corriger les manques des programmes de 1995. Élaborés par un groupe d'experts aux compétences les plus diverses (maîtres et professeurs expérimentés venus de la base, inspecteurs, universitaires), et non uniquement par le ministère, ils insistent tout particulièrement sur les **démarches à mettre en œuvre**.

La théorie d'apprentissage sous-jacente est d'inspiration socio-constructiviste (élaboration progressive des connaissances, rôle des interactions entre élèves, étayage du maître, importance de la confrontation et de l'explicitation des procédures, des démarches et des résultats). **La résolution de problèmes est au centre des activités** et permet de donner leur signification aux connaissances. Le rôle de l'entraînement et de la mémorisation est fortement souligné. L'importance du calcul réfléchi et de l'usage raisonné de la calculatrice est une des grandes nouveautés de ce programme.

En premier lieu, et pour chaque cycle, les programmes définissent les objectifs principaux. Les programmes sont complétés de documents d'application qui précisent et développent les contenus et les compétences, apportent un éclairage sur les modalités d'apprentissage et donnent des pistes d'activités pédagogiques.

Les apprentissages mathématiques doivent contribuer au développement d'une pensée rationnelle, à la formation du citoyen et permettre aux élèves de bénéficier au mieux de l'enseignement du collège. Il s'agit de promouvoir une culture scientifique. Mais peu de précisions sont apportées.

Au cycle 2, deux objectifs prioritaires sont fixés par les programmes :
– la compréhension des nombres (numération décimale) ;
– le calcul mental sous toutes ses formes (résultats mémorisés, calcul réfléchi).

Les documents d'accompagnement des programmes (2005)

Les distinctions établies dans les programmes 2002 entre procédures personnelles et procédures expertes, ainsi qu'entre calcul automatisé et calcul réfléchi, prêtant à confusion, les documents d'accompagnement précisent à des fins d'explicitation, mais aussi sous la pression des critiques (voir p. 160), trois conditions d'exercice du calcul : le calcul mental, le calcul posé (techniques), l'utilisation des calculatrices, apportant un changement dans la catégorisation des programmes.

• Ces documents précisent deux fonctions du calcul mental :
– une fonction sociale : automatisation des calculs simples, diversification des procédures de calcul réfléchi, maîtrise du calcul approché ;
– une fonction didactique : construire ou renforcer les relations additives ou multiplicatives, compréhension des propriétés des opérations, premières approches des notions, capacités de raisonnement, aide à la résolution de problèmes.

• Ils précisent la place et les objectifs de l'apprentissage du calcul posé (techniques opératoires) :

– *« l'étude des techniques de calcul posé doit être résolument orientée vers la compréhension et la justification de leur fonctionnement. Elle ne peut donc, en aucun cas, se limiter à l'apprentissage de récitatifs »* ;
– *« généralement, les calculs sont proposés en ligne, le choix de les effectuer en ligne ou posés "en étages" revenant à l'élève »* ;
– *« dans tous les cas, l'élève doit être incité et entraîné à utiliser des moyens de contrôle des résultats obtenus. »*

• Les documents d'application précisent quatre directions pour l'utilisation des calculatrices :
– outil de calcul ;
– instrument dont on cherche à comprendre certaines fonctionnalités ;
– support à l'exploration des phénomènes numériques ;
– source de problèmes et d'exercices.

• De plus, ils précisent, concernant la résolution de problèmes et le calcul réfléchi, la distinction entre solutions personnelles et solutions expertes.

Le débat actuel

Les critiques des programmes de 2002

Les programmes de 2002 sont ambitieux et, très rapidement, de nombreuses critiques leur sont portées. Les critiques du GRIP (Groupe de réflexion interdisciplinaire sur les programmes), qui s'appuie sur les expérimentations du SLECC (Savoir lire, écrire, compter, calculer), sont représentatives des mouvements de contestation. L'objectif annoncé par le GRIP est d'aboutir à des propositions concrètes pour remédier aux graves difficultés actuelles, dans le souci de reconstruire un système éducatif de qualité, mettant en avant le savoir, le travail et le mérite. Un retour à l'enseignement des mathématiques tel qu'il était pratiqué avant 1970, et même sous la IIIe République, est implicitement préconisé. Nous reprenons ici quelques affirmations extraites d'un texte de référence du GRIP sur l'enseignement du calcul à l'école et rédigé par Laurent Lafforgue en 2006[1].

> « *a) À l'issue du cursus primaire, les élèves doivent posséder une maîtrise aisée, exacte et sûre des opérations sur les nombres et les grandeurs et de la manipulation des unités ; ils doivent aussi savoir rédiger de manière concise et rigoureuse la solution de problèmes de calcul formulés dans la langue courante, tirés de la vie pratique, des sciences de la nature ou de la mécanique, et nécessitant un raisonnement de nature discursive* [...].

1. Voir le site Internet : http://grip.ujf-grenoble.fr

b) Le maître mot de l'apprentissage du calcul – comme de tout apprentissage – est la progressivité : on chemine du plus simple vers le plus élaboré [...]. *Les notions nouvelles doivent être introduites l'une après l'autre, en s'appuyant sur les connaissances déjà acquises ainsi que sur l'intuition* [...].

c) L'apprentissage de la numération et celui des quatre opérations sont simultanés : ils commencent dès la fin de l'école maternelle ou le début du CP, en se limitant d'abord aux nombres très petits [...].

d) Le calcul mental et le calcul posé doivent être introduits et pratiqués très tôt, en commençant sur des petits nombres [...]. *Il paraît bon d'accoutumer les élèves à poser les quatre opérations même lorsqu'ils ne connaissent encore que des nombres à un seul chiffre. Dès le cours élémentaire, le développement du calcul mental et du calcul posé exige de connaître par cœur les tables d'addition et de multiplication complètes, jusqu'au point où elles fonctionnent comme des tables de soustraction et de division, y compris quand la division ne tombe pas juste* [...].

e) [...] *Ni l'ordinateur – dont les écoliers ne peuvent à leur âge apprendre la programmation – ni les autres écrans n'ont leur place à l'école primaire. Les calculatrices sont à exclure comme instruments d'apprentissage du calcul.* [...] *Il vaut donc mieux proscrire la calculatrice avant l'âge où les élèves apprenaient auparavant à se servir d'une règle à calcul* [...].

f) Un autre usage concret des nombres et du calcul intéresse directement les enfants et gagnera de l'importance avec l'âge : c'est la comptabilité des prix et de l'argent (notions de prix d'achat, de frais, de prix de revient, de prix de vente, de remise, de bénéfice, de taxe, d'intérêt simple, de pourcentage) [...].

g) Le but de l'enseignement du calcul à l'école primaire est d'apprendre à résoudre des problèmes simples, tirés de la vie pratique, des sciences de la nature ou de la mécanique, formulés dans la langue courante, ne comportant qu'une seule question et qui utilisent les mesures de grandeurs physiques connues, les conversions de mesures, les changements d'échelle et la proportionnalité. À l'issue du cursus primaire, l'élève doit être devenu capable de trouver par lui-même les étapes du raisonnement nécessaire à la solution d'un tel problème simple et de les exposer. Une très grande importance doit être accordée à la rédaction des solutions qui permet la maîtrise du problème que l'on traite [...].

h) Ce lien entre le calcul, le raisonnement et la langue écrite est décisif, à la fois dans la perspective d'un apprentissage plus avancé des mathématiques et des sciences de la nature, et pour la formation et la structuration de l'esprit. »

Si ces critiques soulèvent un certain nombre de questions concernant la place du lien d'applicabilité des mathématiques aux sciences et à la vie pratique, la progressivité des apprentissages, la question de l'apprentissage du sens du calcul (d'abord en relation avec les petits nombres), la place des différents modes de calcul, il convient de faire une distinction entre leur visée fortement idéologique et les problèmes didactiques posés.

Le rapport de l'Inspection générale (rapport J.-L. Durpaire)

Dès 2005, le ministre de l'Éducation nationale Gilles de Robien demande l'élaboration d'un rapport sur l'enseignement des mathématiques à l'école primaire (cycle 3). Ce rapport est rédigé par Jean-Louis Durpaire au nom de l'Inspection générale de l'Éducation nationale.

Le rapport Durpaire (juin 2006)

« Le rapport élaboré à partir d'observations concrètes dans les classes et à partir de l'analyse de nombreux rapports d'inspection insiste sur les points suivants :
– la résolution de problèmes a été brouillée ;
– la distinction figurant dans les programmes entre procédures expertes et procédures personnelles n'est pas comprise par les maîtres ;
– les pratiques du calcul mental et du calcul instrumenté sont insuffisantes ;
– les maîtres n'accordent plus assez d'importance aux programmations et aux progressions ;
– les maîtres n'accordent pas assez d'importance à la différenciation ;
– il y a une trop faible utilisation du cahier de brouillon et du cahier de références ;
– le travail de groupes est souvent confus et peu efficace ;
– la prise en compte des travaux de la didactique des mathématiques est trop limitée. »

Le rapport Durpaire souligne également que l'enseignement des mathématiques n'a pas occupé la place centrale dans les directives nationales au cours des années précédentes et qu'il n'a donc pas constitué une priorité dans les plans de formation des maîtres et dans les animations de circonscription.

L'avis de l'Académie des sciences

Toujours à la demande du ministre de l'Éducation nationale Gilles de Robien, l'Académie des sciences a rédigé un avis sur la place du calcul dans l'enseignement primaire. Cet avis préconise des *« mesures significatives mais prudentes »*.

L'avis de l'Académie des sciences (janvier 2007)

Voici succinctement les principales recommandations émises par l'Académie des sciences sur la place du calcul dans l'enseignement primaire :
1. « L'amélioration souhaitable des performances en calcul à l'issue de l'école primaire requiert des mesures significatives mais prudentes, accompagnées d'analyses plus approfondies et d'expérimentations.
2. Le calcul doit s'enseigner en étroit contact avec les autres matières.

3. Son apprentissage s'appuie sur une intuition arithmétique présente chez les jeunes enfants et suppose effort et jeu. La mise en place des automatismes s'accompagne de représentations mentales nouvelles et implique compréhension et réflexion.
4. L'enseignement du calcul doit commencer par une pratique simultanée de la numération et des quatre opérations, une gradation en complexité.
5. La capacité en calcul se développe selon plusieurs modalités : calcul mental, calcul posé écrit, calcul approché, calcul instrumenté (mémoire, structuration des connaissances, manipulation des ordres de grandeur).
6. Les liens entre calcul et géométrie doivent être introduits très tôt.
7. L'importance de la proportionnalité dans plusieurs champs disciplinaires requiert une maîtrise solide de la règle de trois en fin de primaire, et donc une certaine manipulation des fractions.
8. Le calcul peut devenir un jeu.

Nous devons et pouvons avoir l'ambition que tous les enfants aiment le calcul. »

La circulaire du ministre de l'Éducation nationale

La circulaire du 2 mars 2007 précise l'articulation entre calcul mental, calcul posé et calcul instrumenté. La pratique du calcul mental doit faire l'objet d'une séance quotidienne d'au moins 15 minutes dans une alternance entre des moments d'entraînement et des moments de calcul réfléchi.

Comment sortir de ce débat par le haut en se tournant vers l'avenir ?

Le parti pris de cet ouvrage est de fonder une organisation pédagogique des apprentissages numériques au cycle 2 sur une analyse qui cherche à être la plus complète et la plus objective possible. En pédagogie, l'habitude consiste trop souvent à pointer les insuffisances des situations d'apprentissage proposées par un manuel ou par une méthode ou encore à vilipender les insuffisances des programmes en cours et, par réaction, à s'y opposer de manière systématique. Pour reprendre l'expression consacrée, la critique pédagogique conduit trop souvent à « jeter le bébé avec l'eau du bain » ! Les mouvements de balancier sont bien connus des enseignants expérimentés.

Il convient donc de ne pas mélanger ce qui relève de l'analyse scientifique, en l'occurrence de la didactique des mathématiques, et ce qui relève de l'idéologie et des choix collectifs ou individuels qui ne sont pas, bien évidemment, du ressort des didacticiens. Il revient au ministère de l'Éducation nationale d'effectuer les choix principaux, mais il se doit de garder mesure dans le cadre des débats d'opinion : faire des choix est nécessaire, car la somme vectorielle des opinions est égale au vecteur nul, mais faire appel à l'opinion pour faire évoluer les pratiques enseignantes est inefficace et dangereux dans le cadre de la liberté pédagogique inscrite dans la loi. Par ailleurs, la didactique des mathématiques qui cherche par l'expérimentation et la confrontation des résultats à comprendre, à expliquer, à prévoir et à améliorer les processus d'acquisition et de transmission de savoirs mathématiques au sein de ces microsociétés que constituent les classes n'est pas le seul lieu de l'élaboration des programmes.

« *Il n'y a pas de paradis pédagogique perdu* », soutient avec raison Rémi Brissiaud[1]. Vouloir enseigner les mathématiques comme il y a cinquante ans n'a guère de sens. Les finalités de cet enseignement changent inéluctablement au rythme de l'évolution de la société. Par exemple, lorsque le GRIP tente un rapprochement entre l'utilisation de la calculatrice aujourd'hui et la règle à calcul autrefois, cette comparaison ne résiste pas à une courte analyse. L'emploi de la calculatrice est une pratique culturelle aujourd'hui généralisée. L'école doit donc prendre en charge l'apprentissage de son utilisation raisonnée. L'usage de la règle à calcul n'était pas une pratique courante et était réservé à une élite. Peu d'élèves apprenaient d'ailleurs à l'utiliser à une époque où la sélection scolaire fonctionnait dès l'âge de 11 ans. L'institution scolaire ne prenait en charge son utilisation raisonnée que dans les sections où les élèves étaient capables d'en comprendre le fonctionnement (échelles logarithmiques). De plus, apprendre à utiliser une calculatrice n'est pas contradictoire avec l'apprentissage du calcul réfléchi (écrit et mental) qui nécessite lui-même l'apprentissage d'automatismes dans le cadre de l'exercice de la mémoire. C'est à l'enseignant qu'il revient de décider des moments où il est judicieux d'utiliser une calculatrice dans le cadre des situations didactiques qu'il met en œuvre, et dans les autres cas d'en interdire l'usage. Enseigner est un métier et les actions de l'enseignant doivent être réfléchies dans un cadre global. Autre exemple, poser le plus tôt possible les quatre opérations, dès le CP ou la Grande Section de maternelle, comme le préconise le GRIP, conduirait à compromettre l'appropriation du calcul réfléchi et donc du calcul mental. Il ne s'agit pas de développer la mémoire des élèves uniquement dans le cadre de l'exécution des techniques opératoires, mais en premier lieu dans celui d'un apprentissage du sens des opérations. C'est ce que rappelle la circulaire ministérielle du 2 mars 2007.

La trame des apprentissages numériques décrite dans les deux premières parties de cet ouvrage a été élaborée à partir d'éléments de réponses à de multiples questions concernant, d'une manière générale, l'enseignement des mathématiques à l'école, et, de manière plus particulière, l'enseigne-

1. Voir son article du 30 mai 2006, repris par le site Internet http://www.cafepedagogique.net

ment de la numération, du calcul et de la résolution de problèmes. Ces éléments sont fondés sur les résultats de la didactique des mathématiques qui intègrent nécessairement les analyses scientifiques de nombreuses autres sciences comme l'épistémologie des mathématiques, la psychologie cognitive, les sciences cognitives et la sémiotique. Ces éléments de réponses se fondent également sur la pratique des auteurs de cet ouvrage qui ont vécu toutes les réformes pédagogiques et toutes les adaptations des programmes cités précédemment. Tout élément vécu et analysé comme positif a été intégré sans exclusive dans le cadre de la cohérence globale de la trame. La totalité des conclusions du rapport Durpaire a été prise en compte. Certaines recommandations de l'Académie des sciences méritent plus de circonspection, notamment l'enseignement des quatre opérations dès le CP. L'objectif du cycle 2 est d'abord la maîtrise complète du champ conceptuel additif : addition et soustraction, tant du point de vue du calcul que de la résolution de problèmes, en relation avec l'appropriation du système de numération de position. Des situations de partage peuvent être proposées dès la maternelle, mais elles ne pourront en aucun cas être étiquetées comme étant des situations de division sous peine d'« effet Jourdain » (M. Jourdain fait de la prose sans le savoir !).

Le parti pris des auteurs a été de ne pas être en rupture avec l'évolution des programmes depuis 1970. Il s'agit en tout premier lieu d'inscrire l'enseignement des mathématiques dans un processus à long terme (de la maternelle au lycée et à l'université) et de viser, comme il a été dit précédemment, un maximum pour chaque élève et non un minimum pour tous. C'est cette analyse que nous développons dans cette quatrième partie en donnant des éléments de réponses à quelques questions fondamentales.

Concernant les finalités de l'enseignement des mathématiques à l'école, cet ouvrage s'inscrit dans le cadre des programmes de 2007. La trame des apprentissages proposée constitue donc une réponse aux questions didactiques posées par le GRIP et l'Académie des sciences, mais en se fondant sur une analyse didactique éclairée par plusieurs approches scientifiques.

Les programmes de 2007

Les programmes du 4 avril 2007, publiés au *BOEN* du 12 avril 2007, sont rédigés dans le cadre de la mise en œuvre du socle commun de connaissances et de compétences. Ils listent les connaissances, les capacités et les attitudes à travailler et à atteindre à la fin de chaque cycle.

En ce qui concerne les mathématiques, ils reprennent dans leur quasi intégralité les programmes 2002, y compris dans leur formulation, mis à part quelques changements conformes à la circulaire du 2 mars 2007 concernant l'enseignement du calcul et quelques précisions concernant l'enseignement des grandeurs et des mesures, en conformité avec l'avis de l'Académie des sciences.

Le calcul mental doit faire l'objet d'une pratique quotidienne d'au moins 15 minutes. En conformité avec les remarques du rapport de l'Inspection générale, la partie concernant les compétences générales a été supprimée. Le consensus établi depuis la rédaction du programme de 1980 tient donc toujours.

L'enseignement des mathématiques à l'école

25

Quelles finalités pour l'enseignement des mathématiques à l'école ?

Quelles mathématiques enseigner aujourd'hui ? Les finalités de leur enseignement s'articulent autour de quatre pôles que nous avons tenté de prendre en compte dans la trame des situations d'apprentissage proposée dans cet ouvrage.

L'apprentissage d'un type particulier de rationalité

Il s'agit d'apprendre à :
– établir des cohérences particulières d'actions et d'actes mentaux exercés sur des données perceptives concrètes ou symboliques ;
– donner du sens aux formes de certains niveaux de réalité ;
– comprendre le rapport d'applicabilité et de constitution aux sciences ;
– modéliser, puis calculer en appliquant des règles conventionnelles pour prévoir, anticiper, simuler ;
– s'approprier un monde d'objets particuliers, idéaux ;
– abstraire, raisonner selon des modalités particulières ;
– se laisser surprendre par l'organisation mathématique du monde et essayer d'en comprendre les structures ;
– expérimenter et observer les faits mathématiques.

L'apprentissage de la résolution de problèmes

Il s'agit d'apprendre à :
– résoudre de multiples petits problèmes pour comprendre et apprendre les mathématiques ;
– résoudre des problèmes types ;
– résoudre des problèmes pour lesquels on ne dispose pas de solutions toutes faites ;
– résoudre des problèmes pour chercher ;
– imaginer des stratégies ;
– construire des procédures ;
– oser inventer et accepter les faits qui choquent la croyance et développer son pouvoir sur le monde.

Un apprentissage culturel

Il s'agit d'apprendre à entrer dans une culture partagée en s'appropriant les référents culturels mathématiques présents dans la société (système de numération, écritures mathématiques, système métrique, méthodes de résolution...) car les mathématiques sont déjà là.

Apprendre les mathématiques, c'est :
– préparer l'avenir ;
– s'approprier une culture faite de savoirs, de savoir-faire et de techniques ;
– comprendre et utiliser les systèmes symboliques présents dans la culture mathématique de l'école ;
– comprendre que les savoirs s'inscrivent dans une histoire et sont le fruit d'une construction sociale.

L'intégration sociale et la formation du futur citoyen

Apprendre les mathématiques, c'est :
– s'approprier les outils intellectuels utiles au citoyen de façon à appréhender de manière critique les informations ;
– forger ses propres outils d'analyse ;
– développer ses capacités de discernement, des méthodes pragmatiques, à savoir argumenter mais aussi convaincre ses interlocuteurs des certitudes que l'on a acquises ;
– développer des systèmes mentaux de représentation et de traitement liés à des domaines de tâches ;
– développer et exercer en interaction une double mémoire : une mémoire sémantique qui rend les connaissances disponibles et une mémoire de travail nécessaire à l'activité.

Quelle conception de la didactique des mathématiques ?

Quatre champs de recherches en didactique des mathématiques sont particulièrement féconds pour analyser et concevoir des situations d'apprentissage.

Analyser et concevoir des situations pour enseigner

Situation didactique

La notion de situation didactique où se manifeste directement ou indirectement la volonté d'enseigner d'un professeur est centrale. Ce type de situation est défini par un ensemble de relations pertinentes (explicites et/ou implicites) entre des élèves, l'enseignant et un milieu mobilisé par ce dernier pour atteindre l'objectif visé : l'appropriation d'un savoir, d'un savoir-faire, d'une attitude. Le « milieu » est constitué des objets (physiques, culturels, sociaux, humains) avec lesquels les élèves interagissent dans une situation (en particulier les différents supports fournis ou mis à disposition des élèves : les livres, les affiches, le matériel, les instruments...). Une situation didactique ne se réduit pas au milieu. Elle contient également les interactions des sujets avec la réalité. Cette remarque est importante car un même support, extrait par exemple d'un manuel scolaire, donne lieu à des situations différentes en fonction des consignes, des objectifs visés, des interventions du maître, des interventions organisées entre élèves, etc. Les situations didactiques ne sont pas uniquement relatives à la mise en évidence d'une caractéristique d'un objet mathématique ou d'une propriété, c'est-à-dire à la constitution d'un savoir. D'autres situations didactiques se rapportent à la mémorisation, à l'acquisition d'automatismes, au réinvestissement des savoirs...

Situation d'apprentissage

C'est une situation qui permet l'acquisition d'une connaissance ou d'un savoir par les élèves. Une telle situation s'inscrit dans la durée de l'apprentissage. Elle est la conjonction de différentes situations que l'enseignant organise dans la durée :
– situations relatives au savoir ou au savoir-faire visé et qui construisent le sens ;
– situations didactiques permettant aux élèves d'activer le savoir ou de mémoriser la mise en œuvre du savoir-faire.

La mise en œuvre de ces situations nécessite le contrôle des acquisitions par les élèves. Il est donc plus pertinent de parler de **processus d'apprentissage**. La notion de **trame d'apprentissage** est fondamentale pour la programmation des activités par l'enseignant.

Situation d'enseignement

Lors de la mise en œuvre d'un processus d'apprentissage, les moments d'étayage collectif ou individuel auprès des élèves, c'est-à-dire les interventions de l'enseignant pour aider à l'apprentissage, font partie de la situation d'enseignement. Plusieurs phases sont à envisager en interaction dans la mise en œuvre des situations :

1. Les phases de **dévolution**, qui sont des processus par lesquels l'enseignant parvient à rendre les élèves responsables des activités proposées. Par exemple, transformer les élèves d'un cycle 2 en « enquêteurs » qui cherchent le nombre solution du problème fait partie d'une mise en scène qui contribue à l'efficacité de cette phase de dévolution en activant le désir de connaître. L'emploi de la lettre x pour nommer le nombre cherché fait partie entre autres de ce processus de dévolution (voir p. 29).

2. Les phases d'**action**, qui consistent à placer les élèves devant un problème ayant plusieurs caractéristiques :
– l'activité doit permettre l'émergence de la connaissance visée ;
– l'élève doit posséder des connaissances lui permettant de prendre des décisions ;
– le milieu doit renvoyer aux élèves des informations sur leurs actions leur permettant de juger des résultats.
Lorsque les élèves cherchent toutes les décompositions d'un nombre n en une somme de deux termes en découpant des bandes comportant n cases, la situation comporte bien toutes ces caractéristiques (voir p. 31).

3. Les phases de **formulation**, qui permettent aux élèves d'expliciter la connaissance sous forme d'un langage (langue, écritures mathématiques) qui devient lui-même à son tour objet d'étude. En reprenant l'exemple ci-dessus concernant les décompositions d'un nombre, après la phase d'action, les élèves vont être amenés à formuler par écrit toutes les façons de faire n.

4. Les phases de **validation**, qui permettent d'établir la preuve de la solution : par retour de l'action sur le milieu de la situation et/ou par une justification argumentée. Une autre phase de la situation précédente peut conduire les élèves à la recherche d'une méthode pour être sûrs de n'oublier aucune façon de faire n. L'exposition des méthodes donne alors lieu à validation par l'ensemble du groupe-classe (voir p. 32-33).

5. Les phases d'**institutionnalisation**, totalement à la charge du maître, qui visent à inscrire le savoir constitué par les élèves dans le cadre plus vaste d'une culture partagée dans la société. L'affichage des maisons du 6, du 7, du 8, du 9 institutionnalise les résultats et les méthodes découvertes lors des phases d'action, de formulation et de validation.

Variables cognitive et didactique

Une **variable cognitive** d'une situation est un paramètre de cette situation qui, suivant les valeurs qui lui sont attribuées, modifie la ou les connaissances nécessaires à la solution. Une **variable didactique** est une variable cognitive dont la valeur est fixée par une décision de l'enseignant. La notion de variable didactique est particulièrement féconde pour l'organisation des situations d'apprentissage.

Dans le cadre numérique, une variable didactique peut, en particulier, être un élément de la situation qui, modifié par l'enseignant, affecte les stratégies de solutions par leur coût, leur complexité, leur validité. Par exemple, la taille des nombres, leurs relations plus ou moins complexes, certaines propriétés liées à la numération peuvent constituer des variables didactiques dont la modification mettra les élèves dans l'obligation de réorganiser, de modifier leurs procédures de calcul ou d'en créer de nouvelles. Il s'agit souvent dans ce cas de « microvariables ».

Le changement de milieu constitue également une variable didactique importante pour permettre à l'élève d'ancrer plusieurs significations d'une même opération arithmétique ou d'un couple d'opérations (on peut parler dans ce cas de « macrovariables ») :
- ajouter et retirer des jetons dans une boîte opaque ;
- réunir et séparer des bandes comportant des cases unités ;
- avancer et reculer sur une bande numérique.

Rechercher l'état initial, ou la transformation (positive ou négative), ou encore l'état final dans le cadre d'une situation de type état-transformation-état, s'inscrit également dans le cadre de la modification d'une variable didactique que l'enseignant doit maîtriser.

Si la nature d'une variable didactique est d'être contrôlée par l'enseignant, il est par contre impossible à ce dernier de maîtriser toutes les variables cognitives. La formulation de la consigne, les modifications dans le texte de l'énoncé, une légère modification du support de travail peuvent modifier les connaissances nécessaires à la résolution.

Analyser les potentialités de l'expérience et réfléchir au choix des expériences à faire vivre aux élèves, et à l'ordre et au cumul de ces expériences

La conception des situations et le choix des milieux d'apprentissage doivent s'appuyer sur les potentialités qu'elles permettent concernant notamment les possibilités de conceptualisation par les élèves de leur activité. Par exemple, l'apport de la lettre x comme représentant le nombre inconnu d'un problème (purement numérique ou en relation avec un contexte concret) ouvre des potentialités concernant la mise en relation entre un traitement sémantique et un traitement arithmétique des problèmes de type additif. L'appropriation de la lettre x et des relations numériques entre trois nombres dont l'un d'entre eux est la somme des deux autres (voir p. 217) permet aux élèves de classer les problèmes additifs en deux catégories seulement : ceux dont la solution correspond à la recherche de la somme, ceux dont la solution correspond à la recherche d'une différence (par mise en œuvre d'une soustraction ou recherche d'un complément).

Réfléchir à l'ordre et au cumul des expériences à faire vivre aux élèves est au fondement de la constitution de la trame d'apprentissage. Faire le choix de proposer aux élèves la résolution de tous les types de problèmes additifs dans le cadre des nombres inférieurs ou égaux à 10, avant d'envisager une appropriation du système de numération de position, est un choix déterminé par la difficulté qu'ont les élèves à s'approprier le sens des opérations (notamment la cohérence entre l'addition et la soustraction) en relation avec les grands nombres. Pour les élèves, il est plus facile de comprendre et de s'approprier les relations numériques avec des nombres pour lesquels ils disposent de différents types de représentations (iconiques, schématiques ou plus symboliques). Une fois acquis le sens des opérations, les élèves sont moins perturbés par la présence de grands nombres dans la résolution de problèmes.

Réfléchir sur la place et le rôle des apports culturels dans les apprentissages (les mathématiques sont déjà là)

L'une des principales difficultés liées à l'organisation des apprentissages mathématiques consiste à mener de front l'appropriation des objets mathématiques et celle des registres d'écriture, qui sont déjà présents dans la culture et dont les potentialités sont, au début de l'apprentissage, bien supérieures à ce qu'il est possible de faire apparaître à l'élève lors des premières situations. Mais, par leur organisation, ces registres permettent d'anticiper et d'accélérer les structurations, donc l'apprentissage.

L'exemple du système décimal de numération de position

Lorsque des élèves de cycle 1 ou de début de cycle 2 commencent à maîtriser le dénombrement de collections de quantités discrètes, ils sont vite confrontés au dénombrement de collections plus importantes, dont l'énumération des éléments n'est pas évidente. Deux possibilités existent pour l'enseignant :

– soit proposer une situation qui aura pour objectif le codage de ces collections; on vise alors la constitution de paquets (de 2, 3, 4... éléments) et un codage est obtenu par dénombrement des paquets et des éléments restants (dans ce cas, on cherche à faire apparaître une pluralité de procédures et de codages avant de fournir la réponse culturelle du système de numération décimale);

– soit proposer d'emblée aux élèves de faire des paquets de dix éléments et de dénombrer le nombre de paquets et d'éléments restants (dans ce cas, on vise d'emblée l'appropriation de la réponse culturelle).

Dans le second cas, les élèves trouvant, par exemple, 2 paquets de dix jetons et 4 jetons, pourront mettre en relation ce résultat avec celui du dénombrement de tous les jetons de la collection, en utilisant la comptine des nombres : vingt-quatre. Si les élèves connaissent la comptine numérique écrite jusqu'à 24 (en utilisant une bande numérique, par exemple), ils pourront associer l'écriture 24 à la collection. Deux codages représenteront alors la collection : 24 et 2 paquets de dix et 4 unités (le 2 de 24 veut dire 2 paquets de dix et 24 veut dire 2 paquets de dix et 4 jetons).

Par leur organisation, la **comptine orale des nombres** et la **suite écrite des nombres** constituent un apport culturel décisif pour les apprentissages numériques. À l'oral, après seize et surtout après vingt apparaît une régularité : dix-sept, dix-huit, dix-neuf, vingt, vingt et un, vingt-deux..., trente, trente et un, trente-deux... Dans ce cas, une fois compris l'algorithme, l'apport culturel portera essentiellement sur les mots différents qui viennent s'intercaler : vingt, trente, quarante, cinquante, soixante. Soixante-dix, quatre-vingts, quatre-vingt-dix apportent une nouvelle irrégularité.

L'organisation algorithmique des écritures des nombres pourra être présentée grâce à un tableau sous la forme :

	1	2	3	4	5	6	7	8	9
10	11	12	13	14	15	16	17	18	19
20	21	22	23	24	25	26	27	28	29

La compréhension de l'algorithme pourra être travaillée à partir d'un jeu. On cache les nombres ou certains d'entre eux et les élèves doivent retrouver un nombre caché. Plusieurs procédures sont possibles : soit recompter depuis le début, soit repérer que vingt-six, par exemple, est situé sous le nombre seize, que vingt-neuf est situé en bout de ligne, etc.

C'est dans ces multiples contextes que les nombres (c'est-à-dire leurs écritures) se chargeront de significations.

Prenons l'exemple du nombre 24. La signification de 24, c'est d'abord de désigner un nombre parmi d'autres, dans la suite des nombres (calendrier, bande numérique...). Sa seule signification est d'être un nombre puisque son écriture en a les caractéristiques. L'élève voit une écriture, mais il perçoit un être, un objet, ici un nombre qui dans un premier temps ne peut être que ce qu'il apparaît. L'intentionnalité, propriété de représenter, est une fonction précoce. Le paraître implique un être.

Puis d'autres significations viendront s'ajouter et s'organiser :
– 24 se prononce vingt-quatre ;
– 24 est le nombre qui suit 23 et qui précède 25 ;
– 24, c'est 2 paquets de dix et 4 unités ;
– 24 est situé sous le nombre 14 et il y a un paquet de dix supplémentaire dans 24.

Par la suite, des significations fonctionnelles et structurales portant sur des écritures comportant des symboles d'opérations viendront s'ajouter : 24 = 20 + 4 ; 24 – 4 = 20 ; 24 – 20 = 4 ; 24 = 10 + 10 + 4.

L'organisation des apprentissages concernant la numération décimale doit donc prendre en compte deux types de situations :
– des situations dans lesquelles les nombres viennent structurer les actes concrets portant sur des collections (groupements, échanges...) ;
– des situations où les seuls objectifs sont de faire apparaître l'organisation structurée du système de numération culturellement déjà là.

Par exemple, apprendre à se déplacer dans un tableau de nombres pour calculer permet de contrôler les effets d'une addition ou d'une soustraction sur les écritures des nombres : lorsque l'élève ajoute 10, il se rend compte que cela revient à ajouter 1 au chiffre des dizaines, lorsqu'il retire 1, cela revient à retirer 1 au chiffre des unités.

La structuration des significations portant sur les actes mentaux liés aux actions (ajouter/retirer des objets concrets) et la structuration des significations portant sur l'organisation du système symbolique (ajouter/retirer des unités et des dizaines) fusionnent progressivement en un tout cohérent. Les actions sont progressivement davantage contrôlées par la maîtrise des règles conventionnelles du système que par celle des règles d'action dépendant des contextes.

Un exemple d'obstacle à surmonter :
le sens du signe =

L'introduction du signe = au cycle 2, signe qui apparaît historiquement tardivement au XVIe siècle, peut faire obstacle si sa compréhension n'est pas prise en charge par une situation didactique. C'est son caractère symétrique qui pose problème.

Plusieurs attitudes peuvent être observées vis-à-vis de la prise en charge didactique de ce symbole :
– soit on limite son utilisation dans le cadre des relations de la forme $a + b = c$. Les élèves lui attribuent alors la signification « ça fait » (par exemple : 3 plus 5, ça fait 8). Dans ce cas, on crée un obstacle lié à l'habitude d'une utilisation stéréotypée du signe = et les élèves n'accepteront pas facilement des écritures du type 8 = 3 + 5 ;
– soit on n'utilise pas le signe = au début du CP sous le prétexte qu'il ne peut avoir de sens à ce niveau, et l'on prive alors les élèves de la signification relationnelle entre trois nombres dont l'un d'entre eux est égal à la somme des deux autres ;
– soit on propose aux élèves une situation qui leur permet d'attribuer une signification à chacune des écritures $a = b + c$ et $b + c = a$. Si l'élève découpe une bande de 8 carreaux en 5 carreaux et 3 carreaux, cette action se traduit par 8 = 5 + 3. Si l'on recolle les deux bandes, on retrouve la bande de 8 carreaux, et cette nouvelle action se traduit par 5 + 3 = 8.

Cette dernière situation permet aux élèves d'un CP de surmonter très précocement l'obstacle lié à l'interprétation de la propriété de symétrie de l'égalité. Cette compréhension permet à l'élève d'articuler les deux significations *« Il y a plusieurs façons de faire 8 »* et *« Il y a plusieurs façons d'écrire 8 »*, deux facettes indispensables dans la compréhension de la relation additive entre trois nombres et dans la construction du sens du signe =, notamment dans le cadre du calcul réfléchi (remplacer une somme par une somme égale, remplacer une différence par une différence égale).

Analyser la réalité dans l'enseignement (analyse des pratiques, des supports didactiques ou pédagogiques comme les manuels, les fichiers, les livres de l'enseignant...)

Les savoirs didactiques se fondent également sur d'autres champs scientifiques : l'épistémologie des mathématiques, la psychologie cognitive, la sémiotique, les théories des apprentissages... La trame d'apprentissage proposée dans cet ouvrage a été conçue à partir de l'analyse de multiples pratiques enseignantes.

Quelles sont les tâches principales de l'enseignant ?

Pour l'enseignant, il s'agit d'élaborer et de mettre en œuvre :
– des situations qui permettent l'appropriation de savoirs ;
– des situations susceptibles de faire vivre des expériences et qui suscitent l'interaction de connaissances et le réinvestissement de savoirs acquis.

Il s'agit également :
– d'imaginer le suivi de ces situations dont les milieux doivent être à la fois supports, cadres et moteurs des apprentissages ;
– de réfléchir aux moyens permettant de stabiliser et d'opérationnaliser les savoirs, les savoir-faire et les attitudes par des exercices d'entraînement et de mémorisation ;
– de contrôler la déstabilisation des savoirs dans des cycles croire/douter/savoir (par exemple, pour que l'élève puisse attribuer une multiplicité de significations au signe – de la soustraction, l'enseignant doit envisager des situations didactiques qui déstabilisent la première mise en correspondance analogique entre le symbole et la signification « retirer ») ;
– de réguler son action en fonction d'une évaluation fine des élèves.

Quelle est la nature des objets mathématiques ?

Les objets mathématiques sont des principes de cohérence d'actes mentaux portant sur des données perceptives d'un certain type (plus ou moins concrètes ou symboliques). Ce sont des structures de sens, des corrélats d'actes mentaux, véritables transcendances objectives (Husserl).
Au début de l'apprentissage, l'idée de nombre se fonde sur la cohérence des actes de dénombrement que l'enfant exerce sur des collections d'entités discrètes : au départ, sur des collections d'objets concrets (fleurs, animaux, bonbons, enfants, jetons, etc.), puis sur des entités quelconques (des « quelques choses »).

Les actes mentaux liés aux actions de dénombrement

Les actes mentaux liés aux actions de dénombrement sont nombreux. Ils constituent un véritable ensemble de procédures, de règles, de programmes chargé de contrôler le traitement du donné perceptif que constitue la collection d'objets à dénombrer.
La saisie des unités, l'appréhension et la représentation à la fois de leur simultanéité et de leur successivité énumérative, ainsi que l'unification spatiale par délimitation d'une frontière virtuelle, sont autant d'actes mentaux que l'enfant doit maîtriser.

Les actions de dénombrement doivent être contrôlées par un programme : associer chaque élément de la collection à un mot de la comptine des nombres, associer à la collection le dernier mot prononcé.

Elles nécessitent des connaissances et des capacités pour les mobiliser concernant :
– la suite ordonnée et immuable des mots de la comptine qui doit être mémorisée ;
– l'énumération des éléments de la collection (il ne faut pas oublier d'éléments et ne pas les compter deux fois) ;
– l'indifférence de l'ordre suivant lequel on énumère les éléments de la collection.

Elles nécessitent enfin la mis en œuvre d'actes mentaux de contrôle des actions concernant :
– la coordination du pointage des éléments et de la prononciation des mots de la comptine ;
– la procédure d'énumération mise en œuvre.

L'enfant met en œuvre un programme pour compter, un ensemble de procédures et de règles portant sur les éléments des collections, il agit. Mais le résultat de son action est un objet « idéal », non visible, révélé par un mot « nombre ». Un nombre est un corrélat produit par une synthèse particulière de tous ces actes mentaux (un principe de cohérence) et non la simple somme de ces actes.

L'existence de symboles de nombres, véritable cadeau que la société (la famille, l'école, etc.) fait à l'enfant, vient renforcer la prégnance de la réalité des objets nombres. En représentant par le chiffre 3 toutes les collections dont les actions de dénombrement se terminent par la prononciation du mot « trois », l'enfant accélère sa prise de conscience de la cohérence des actes mentaux et des actions exercées sur les éléments de ces collections.

Le fait qu'un nombre ne se voie pas constitue par contre la difficulté principale que l'enfant doit surmonter dans ses premiers apprentissages numériques. La seule chose qui se voit et qui ne se déforme pas, c'est le symbole. « *C'est le trois* », dit l'enfant qui perçoit le chiffre 3, mais il lui faut rechercher ailleurs que dans le symbole la réalité du nombre, car l'objet ne se confond pas avec le symbole.

Au cours de l'apprentissage, une difficulté supplémentaire se présente aux élèves : le mot nombre trois et le symbole 3 ne réfèrent pas à un objet unique mais à des objets nombres de différents niveaux.

Du nombre concret aux structures de sens

Lorsque l'enfant âgé de 4 ou 5 ans dénombre « trois » fleurs, « trois » désigne un nombre très concret attaché à une collection particulière de fleurs (on peut parler de « concept psychologique » puisqu'il rend compte d'une cohérence d'actions physiques et mentales intuitives et élémentaires). Les concepts psychologiques sont issus directement de l'expérience et abstraits des composantes réelles des **actes mentaux** (concepts de multiplicité, de colligation des objets concrets issus de l'expérience sur les collections, etc.).
Puis le fait d'associer à des collections différentes (de fleurs, d'enfants, de bonbons...) le même nombre « trois » (même mot de nombre et même symbole « 3 »), donne à ce dernier un caractère plus abstrait : une cohérence d'actes mentaux exercés sur des collections d'entités discrètes quelconques ; on peut alors parler de « concept catégorial ».

Les **concepts catégoriaux** sont des corrélats d'actes mentaux opérant sur des matériaux abstraits comme les schémas ou les symboles (concepts d'élément, d'ensemble, de nombre, etc.). Par la suite, pris dans un système comportant des relations (« plus petit que », « plus grand que », « égal ») et des opérations liées aux actes concrets de réunion, d'ajout ou de retrait portant sur des collections, de nouveaux objets nombres se dévoilent avec un statut encore plus riche. Par exemple, le nombre « quatre » sera perçu à la fois comme le nombre qui suit le nombre « trois » dans la « comptine numérique », mais aussi comme le nombre obtenu en ajoutant « un » à « trois », fournissant ainsi deux critères pour affirmer que « quatre » est plus grand que « trois ».

Enfin, lorsque les actes mentaux portent sur des symboles selon des règles arithmétiques conventionnelles de calcul (règles de transformation, de correspondance et d'inférence cohérentes entre elles), et non plus sur des collections concrètes, un nouveau type d'objet nombre se constitue, en relation avec des opérations plus abstraites (addition et soustraction en particulier). C'est cette cohérence des règles symboliques, quasiment normative et conventionnelle, qui fera apparaître un nouvel objet nombre d'un niveau supérieur d'abstraction. Les nombres ne seront plus pensés de manière isolée. Ils s'intègrent dans des structures plus larges qui rendent compte des relations entre un ensemble de nombres (les entiers naturels), des opérations sur cet ensemble et des relations comme l'égalité (=) ou une relation d'ordre (<). L'objet peut alors être décrit par une structure relationnelle.

La conceptualisation des objets nombres s'enrichit donc progressivement et les différentes significations qui leur sont attachées s'intègrent dans des structures de sens de plus en plus cohérentes. Les mots de nombres et les désignations écrites de ces nombres constituent des interfaces permettant à la fois de passer d'un niveau d'abstraction à l'autre des objets, mais aussi de modéliser des niveaux de réalité différents. De même, l'addition, la soustraction, la multiplication et la division euclidienne sur les nombres entiers naturels sont des opérations qui ne se confondent pas avec les actes d'ajout, de retrait, de séparation opérant sur des collections d'entités discrètes. **Il n'y a donc pas d'intuitions innées des opérations arithmétiques, et la fonction de l'école consiste à proposer aux élèves des situations d'apprentissage qui leur permettent de s'approprier ces objets idéaux** qui se détachent de leur fondement psychologique premier. « + » modélise tout à la fois un ajout, une réunion, l'action d'avancer sur une bande numérique.
Les écritures mathématiques sont des interfaces entre différents niveaux d'objets et différents niveaux de représentation. Le sens des objets d'un niveau donné est établi par l'appropriation des objets des niveaux supérieurs.

Les glissements de signification portant sur un symbole s'effectuent à plusieurs niveaux :
– celui des actes transformant les collections concrètes ;
– celui des actes de transformation des écritures ;
– celui des structures relationnelles entre nombres.

Ce sont les mathématiques et leurs objets qui donnent du sens (une cohérence) aux phénomènes qu'ils modélisent en les fédérant. Un apprentissage précoce et évidemment contrôlé du symbolisme mathématique existant dans la culture est donc fondamental afin de permettre aux élèves de s'approprier ces cohérences.

Un exemple : la constitution du sens de la soustraction

À propos d'une opération comme la soustraction, les enseignants font traditionnellement la distinction entre le sens de l'opération (en relation avec les situations qui la mobilisent) et la technique. Mais si le terme de « soustraction » fait référence à différentes actions mentales (retrait, diminution, recul sur une bande numérique, décomptage, etc.), la somme de ces dernières ne constitue pas le sens de l'opération (au sens d'une cohérence), mais un ensemble de significations. Les situations d'apprentissage doivent

avoir pour objectif de favoriser la mise en cohérence de ces significations par les élèves.
De plus, la compréhension d'une technique de la soustraction (procédure pour « calculer le résultat », c'est-à-dire la différence) nécessite des connaissances concernant à la fois la soustraction et l'addition dans le cadre du système décimal. Le calcul réfléchi d'une soustraction nécessite également une maîtrise d'un champ conceptuel dit « additif ». L'expertise du calcul d'une différence consiste à choisir une manière de calculer en fonction des nombres : par calcul d'un complément, par décomptage, par conservation de l'écart, par utilisation d'une technique opératoire, etc.
L'appropriation des règles de calcul fait également partie de la constitution du sens de l'opération.

L'oralisation du signe – par l'occurrence « moins » déclenche plutôt spontanément une image mentale de retrait. Mais comment se fait-il, d'une part, que, lorsque l'on cherche à retrancher 19 à 21, on puisse substituer au calcul d'un retrait celui, plus facile, du complément de 19 à 21 ? D'autre part, sans apprentissage, un élève ne peut associer spontanément la soustraction à un problème qui correspond à la recherche d'un complément, c'est-à-dire effectuer ce « basculement de signification » qui ne va pas de soi si la pensée ne s'appuie que sur des images mentales de type iconique.
Pour comprendre, il est fondamental de distinguer des opérations mentales de différents niveaux portées par des représentations cognitives de différents types. Lorsque l'on retire des jetons à une collection de jetons, l'image mentale dynamique associée est celle d'un retrait. Lorsque l'on recherche à compléter une collection de timbres, l'image mentale est bien celle d'un ajout. Ces actes mentaux rendent compte dans un rapport d'analogie des actions exercées sur le donné perceptif des collections. Ils restent attachés aux actes concrets et c'est pourquoi il est difficile d'effectuer un basculement de signification spontané à partir de telles images mentales « iconiques ». Lorsque l'on voit le retrait, on ne voit pas l'ajout, et vice versa.

Alors que l'oralisation culturelle du signe – lui attribue avec une certaine prégnance une image dynamique de retrait, le terme de « différence » réfère à une structure relationnelle entre trois nombres : les deux termes de la différence et la valeur de cette différence. On parle de la différence de deux nombres : 12 – 9 est la différence entre les nombres 12 et 9 ; cette différence est 3 ; 12 – 9 = 3 et 9 + 3 = 12.

Les **glissements de signification** du symbole – portent de fait sur plusieurs niveaux :
- celui des actes transformant les collections concrètes ;
- celui des actes transformant les écritures ;
- celui de la compréhension des structures relationnelles entre nombres.

Les opérations arithmétiques s'organisent autour de règles de transformation, d'inférence et de correspondance opérant sur des écritures mathématiques. Le calcul de la différence de deux nombres s'appuie sur les relations interdépendantes qui existent entre trois nombres. Quatre égalités relient les nombres 10, 6 et 4 par l'intermédiaire des deux opérations arithmétiques addition et soustraction : $4 + 6 = 10$; $6 + 4 = 10$; $10 - 6 = 4$; $10 - 4 = 6$.
Ces quatre égalités peuvent être découvertes dans un CP en découpant une bande dizaine (bande composée de dix cases) en deux bandes respectivement de six et quatre cases.

Si l'on recherche l'un des termes de la somme de deux nombres, ce nombre inconnu d doit vérifier toutes ces relations, et en particulier : $6 + d = 10$ et $10 - 6 = d$. Ces deux égalités sont équivalentes : si l'une est vérifiée, l'autre l'est également. Cette cohérence se dévoile, plus qu'elle ne se construit. C'est elle qui permet de comprendre pourquoi le calcul d'un retrait aboutit au même résultat que le calcul d'un complément, et non l'inverse.
Ce n'est pas l'équivalence des deux calculs qui constitue le sens du concept de soustraction, c'est-à-dire sa cohérence, mais c'est une structure relationnelle qui permet de la dévoiler, de l'attester, d'en assurer la certitude. Seules les règles de l'algèbre établies plus tard dans le cadre de l'enseignement du second degré donnent définitivement raison à l'équivalence entre les deux relations. Le sens de la soustraction s'inscrit d'ailleurs dans une structure encore plus large. Voici, parmi d'autres, deux significations qui s'y inscrivent de manière relationnelle :

• La conservation de l'écart
En prenant une droite numérique pour support, on constate que si l'on ajoute un même nombre aux deux termes d'une différence, on ne change pas cette différence. On peut donc remplacer une différence par une différence égale. Ainsi $11 - 7$, $12 - 8$, $13 - 9$, $14 - 10$ sont des différences égales. L'élève peut alors prendre conscience qu'il est possible de remplacer une différence par une différence égale plus facile à calculer : $11 - 7 = 14 - 10 = 4$.

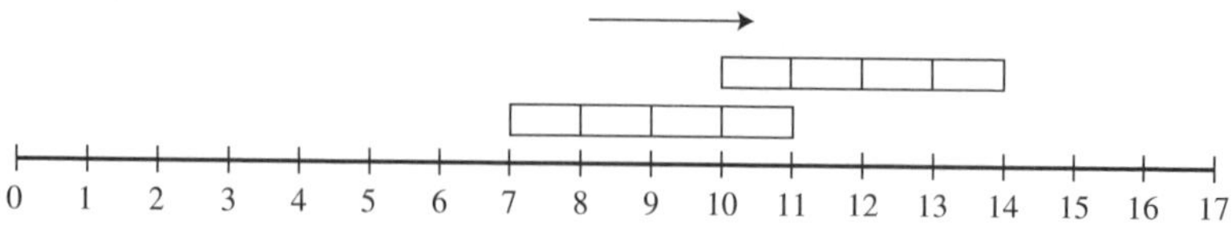

• La réversibilité de l'addition et de la soustraction
Si $6 + 4 = 10$, alors $10 - 4 = 6$. Ces deux écritures traduisent la réversibilité

des actes « retirer » et « ajouter », ou « avancer » et « reculer ». Cette relation peut également se schématiser de manière logique par :

$$6 \underset{-4}{\overset{+4}{\rightleftarrows}} 10$$

Dans ce cas, + 4 et – 4 traduisent une transformation positive et une transformation négative en relation de réciprocité.

Organiser les apprentissages concernant la notion de soustraction consiste donc à permettre à l'élève de se **constituer des réseaux de significations** qui s'organisent progressivement en structures de sens dans un champ conceptuel qui relie addition et soustraction, aussi bien dans le cadre de situations de modélisation que de situations de calcul.

Qu'est-ce que faire des mathématiques ?

Faire des mathématiques consiste dans l'activité à :
– créer des représentations qui s'ancrent dans différents registres sémiotiques, c'est-à-dire des registres matériels de représentation (langue, schémas, écritures mathématiques, tableaux de nombres...) ;
– appliquer des règles de transformation, d'inférence et de correspondance spécifiques à chaque registre ;
– mettre en correspondance les représentations portant sur les différents registres.

Faire des mathématiques, c'est articuler deux types de démarches : modéliser les situations et s'approprier des systèmes de règles normatives.

La pensée mathématique est associée au développement et à la diversification de systèmes sémiotiques de représentation. Les systèmes sémiotiques déclenchent et organisent les significations. En mathématiques, l'invention n'est pas tant du côté des objets mathématiques qui, de fait, se dévoilent plus qu'ils ne se construisent, mais bien plus du côté des registres sémiotiques qui non seulement permettent l'accessibilité cognitive et épistémique aux objets, mais qui comportent également des indices facilitant la saisie des significations et les prises de décision dans l'activité.

Le parti pris des auteurs de cet ouvrage a donc été de multiplier les situations d'apprentissage dans lesquelles les élèves sont chargés de s'approprier les différents registres du langage mathématique, et notamment leur mise en correspondance.

Quelle conceptualisation des objets et de l'activité mathématique ?

Des significations aux structures de sens

Pour qu'il soit vivant, pour qu'il existe, un concept doit s'ancrer dans de multiples représentations mentales (contenus de la représentation). Dans l'activité mathématique, les représentations mentales s'appuient sur différents registres matériels de représentation (collections concrètes, symboles matériels, langues orale et écrite, dessins, schémas, tableaux...), les registres sémiotiques. Pour perdurer et être opérationnelles, ces représentations mentales (cognitives) doivent se charger de significations à la fois structurales et fonctionnelles en relation avec les contextes. La lecture de l'écriture 12 – 7 doit pouvoir déclencher plusieurs significations selon le contexte. Elle est perçue comme :
– la différence entre 7 et 12 (signification structurale qui autorise la perception du complément de 7 à 12) ;
– un écart (signification structurale qui autorise dans un contexte de calcul la recherche d'un écart équivalent, donc d'une différence plus facile à calculer) ;
– un résultat à calculer en retirant 7 à 12 (par exemple, par décomptage), donc comme une signification fonctionnelle ;
– un résultat à calculer en cherchant le complément de 7 à 12, donc comme une signification fonctionnelle.

Ces significations, tout d'abord isolées, s'organisent progressivement en réseaux. La structuration des réseaux de signification s'établit progressivement. Conséquences de multiples mises en relation des significations lors de l'exercice de la pensée en situation, les structurations peuvent aussi s'établir par phénomène de maturation soudaine. Il convient donc d'envisager les apprentissages dans le cadre de champs conceptuels :
– champ additif (addition et soustraction) ;
– champ multiplicatif (multiplication, division[s], proportionnalité).

Au cycle 2, il convient d'envisager dès le CP une trame d'apprentissage favorisant les structurations dans le cadre du champ conceptuel additif, notamment avec les petits nombres. La structuration des relations entre addition et soustraction est facilitée par le travail sur les trios de nombres (voir p. 36). Il est toutefois plus risqué d'envisager des apprentissages trop précoces dans le cadre du champ conceptuel multiplicatif car l'appropriation d'une cohérence globale nécessite l'appropriation de nouveaux nombres, les rationnels (les fractions à l'école élémentaire) : $a - b = x$ a toujours une solution dans le cadre des entiers naturels (x est le nombre tel que $a = b + x$, alors que $4 = 3 \times x$ n'a pas de solution dans les entiers naturels).

Quelle conception des apprentissages ?

Quelle théorie des apprentissages peut guider l'enseignant dans sa mise en œuvre des programmes de mathématiques et le contrôle de son action ? Curieusement, cette question centrale n'a pas donné lieu au cours de ces dernières années à une réflexion approfondie. Les pédagogues se contentent souvent d'une conception générale qui ne décrit qu'un type de situations d'apprentissage chargées de donner du sens aux connaissances. La question de la hiérarchisation des apprentissages est souvent laissée de côté. Le rôle des représentations cognitives et de la mémoire n'est pas abordé dans toutes ses dimensions. Les résultats pourtant nombreux de la psychologie cognitive et des sciences cognitives de ces trente dernières années n'ont pas encore trouvé leur transposition dans les recherches de didactique des mathématiques. La formation des professeurs des écoles dispensée dans les IUFM n'intègre que rarement cette dimension.

La conception la plus courante de l'apprentissage sous-jacente aux théories pédagogiques et didactiques développées aujourd'hui dans les manuels de formation des maîtres consiste d'abord à montrer les limites d'une conception transmissive ou ostensive de l'apprentissage : ce n'est pas en montrant à l'élève une activité chargée de lui révéler un savoir, puis en lui proposant des exercices d'entraînement et de réinvestissement, qu'il apprend. Présenter clairement le savoir à l'élève n'est pas suffisant pour qu'il se l'approprie et le transforme en connaissance.

Il s'agit également de montrer les limites d'une conception béhavioriste de l'apprentissage qui consisterait à viser l'acquisition de comportements précis chez l'élève. Dans cette conception, on décompose l'apprentissage en objectifs et en sous-objectifs à atteindre. L'enseignant propose des activités visant à la fin de la séance l'acquisition d'un comportement, qui est ensuite l'objet d'un entraînement. L'apprentissage n'est donc dans ce cas qu'une juxtaposition de comportements à acquérir. Or l'apprentissage concerne avant tout le développement de la pensée à l'origine des prises de décision et du contrôle des actions. **L'acquisition d'un comportement ou d'une somme de comportements n'est donc pas la preuve de l'acquisition d'une connaissance ou d'un savoir.** Le rapport Durpaire montre également les limites d'une simple pédagogie de l'exercice.

À ces deux conceptions, il est classique d'opposer aujourd'hui une conception dite « socioconstructiviste » un peu trop naïve, dont voici un exemple de définition[1] :

1. R. Charnay, M. Mante, *Préparation à l'épreuve de mathématiques au concours de professeur des écoles*, Hatier, 1995.

« 1. L'acquisition de connaissances passe par une interaction entre le sujet et l'objet d'étude par le biais de la résolution de problèmes.
2. L'élève s'est déjà construit ou se construit très rapidement des conceptions (ou représentations) de toutes les notions qu'on lui enseigne.
3. L'apprentissage ne se fait pas par empilement de connaissances, ni de manière linéaire.
4. L'élève n'arrivera à donner du sens à une connaissance que si elle apparaît comme un outil indispensable pour résoudre un problème qu'il se sera approprié.
5. Les interactions sociales entre les élèves peuvent aider à l'apprentissage. La mise en place de travaux de groupe, l'organisation de débats entre élèves peuvent faciliter ces interactions. »

Dans cette conception, apprendre c'est passer d'une conception ancienne à une conception nouvelle plus performante après une phase de remise en cause de la conception ancienne, qui est tout à la fois un point d'appui et un obstacle à la connaissance nouvelle. L'élève construit son savoir, cette construction pouvant être facilitée par la mise en place de conflit sociocognitif, d'où le nom de « modèle socioconstructiviste ». Cette définition correspond à un type d'apprentissage que l'enseignant ne peut ignorer. En effet, en résolvant des problèmes, l'élève apprend, mais il n'apprend pas uniquement dans ce type de situation. Ce modèle d'apprentissage par adaptation est inspiré de la théorie piagétienne ; il laisse de côté bien d'autres modes d'apprentissage. C'est le reproche principal fait par les détracteurs actuels des programmes de 2002. Il n'existe pas de théorie générale de l'apprentissage, mais de multiples approches.

Différentes approches théoriques de l'apprentissage

Plusieurs théories ont inspiré la conception de l'organisation des apprentissages proposés dans cet ouvrage.

L'approche behavioriste

Elle montre l'importance de l'instauration d'activités ritualisées pour stabiliser des comportements propices aux apprentissages. Mais un enseignement limité simplement à l'apprentissage d'associations stimulus-réponse est totalement inopérant.

L'approche piagétienne

Piaget montre l'importance de la mise en œuvre de situations transformables, propres à être exploitées par l'élève qui acquiert des compétences par son activité interne (mentale) et externe. Une telle situation doit permettre des transformations, l'émergence de significations, l'exercice d'une compétence. Elle doit être adaptable au niveau de maturité, aux objectifs d'acquisition et au projet de l'élève. Elle doit être maîtrisable en son organisation (temps, espace et progression). Les élèves doivent pouvoir explorer la situation, découvrir du déjà-connu et du non-connu, inventer une solution pour l'inconnu, expérimenter et corriger, réfléchir sur les résultats et la façon de les obtenir, réorganiser leurs connaissances et leurs méthodes en fonction des nouveautés apprises. Ils doivent pouvoir transformer la situation selon le pluralisme des procédures, la recherche des procédures les plus efficaces et les plus économiques. La réponse (ou le résultat) doit être autant extérieure (situation transformée) qu'intérieure (développement de l'élève).

L'approche de la psychologie cognitive moderne

Elle montre que les sujets apprennent selon différents modes d'apprentissage par :
– modification de la perception et des processus d'encodage de l'information (exploration visuelle, discrimination perceptive, etc.), mais surtout par augmentation du nombre et de la qualité des significations prélevées et des possibilités de mise en relation de ces significations ;
– modification (étroitement dépendante de l'appropriation de registres sémiotiques) des représentations d'une situation ;
– modification des unités de stockage de l'information en mémoire ;
– augmentation et réorganisation des savoirs et des connaissances (par exemple, transformation d'une connaissance procédurale implicite en connaissance déclarative explicite) ;
– modification de procédures de résolution (changement pour une procédure plus efficace ou par compactage de règles permettant une meilleure efficacité ou une plus grande rapidité) ;
– acquisition de stratégies de résolution ;
– émergence et acquisition de règles de transformation, d'inférence, de correspondance au sein d'un même contenu de la représentation ou entre contenus différents ;
– émergence et modification de procédures de vérification et de contrôle.

C'est par sa participation active aux situations d'apprentissage que l'élève se constitue des réseaux de significations portées par ces représentations qui se nouent progressivement en structures de sens.

L'approche des sciences cognitives

Elle montre que l'apprentissage n'est pas un processus d'accumulation des représentations de l'environnement, mais un processus de transformation du comportement à travers un changement de la capacité du système cognitif neuronal et synaptique à procéder à des synthèses. Les apprentissages s'effectuent également par des processus d'émergence et de structuration de significations, processus que l'enseignant peut favoriser par une organisation des apprentissages selon des activités très diversifiées, mais qu'il ne peut totalement contrôler. La constitution de configurations synaptiques (la mise en configurations de synapses s'opère par suppression d'autres synapses et permet les phénomènes de reconnaissance) et les câblages neuronaux dans le cerveau des élèves sont évidemment incontrôlables, mais bien réels !

Un cadre socioconstructiviste de l'apprentissage non naïf

Il s'agit de mettre en place des étayages cognitifs et affectifs et de favoriser différents types d'interactions entre pairs : reproduction, imitation, aide, tutelle, coélaboration, conflit sociocognitif.

Plusieurs situations didactiques étayent les apprentissages mathématiques :
– des situations qui permettent, par un jeu de variables didactiques appropriées, l'appropriation en interaction de savoirs, de savoir-faire et d'attitudes nécessaires à l'acquisition des compétences ;
– des situations qui permettent d'ancrer des significations (structurales et fonctionnelles) précises d'un objet ou d'une tâche en relation avec l'appropriation de registres sémiotiques présents dans la culture et potentiellement porteurs de sens ;
– des activités ritualisées qui ne sont pas conçues comme de simples exercices répétitifs ;
– des situations fonctionnelles en relation avec les autres disciplines ou la vie de la classe ;
– des situations qui structurent les connaissances ;
– des activités qui permettent aux élèves de mettre en œuvre des attitudes de recherche (promouvoir la pensée, le développement du raisonnement inductif, la recherche de procédures, la construction de stratégies de résolution) ;
– des activités de mémorisation ;
– des situations de validation.

Dans un tel cadre socioconstructiviste, il s'agit :
– d'articuler le projet d'apprentissage défini par l'école avec les projets de construction personnelle de chaque élève ;
– d'articuler apprentissage du sens et sens de l'apprentissage ;
– de viser le maximum pour chacun et non le minimum pour tous.

Les trames d'apprentissage

Pour l'enseignant, il s'agit de réfléchir à des trames d'apprentissage qui hiérarchisent dans le temps de l'apprentissage et mettent en relation les concepts, les situations, les classes de problèmes, les procédures et l'introduction des registres sémiotiques.

Les apprentissages efficaces sont ceux qui procèdent à une structuration, qui ne peut être produite par une simple accumulation passive de constatations empiriques, et qui exige une maturation cognitive que l'enseignant peut favoriser dans le cadre d'une trame d'apprentissage.

L'enseignement de la numération au cycle 2

26

Quelle place pour la manipulation et pour les représentations ?

Le système de numération décimale est un système de numération de position en base dix. Le principe consiste à organiser la collection d'objets à dénombrer en regroupant ces derniers par paquets de dix (les dizaines), puis par paquets de dix dizaines (les centaines), et ainsi de suite. Une fois ces regroupements effectués, on note, pour chaque ordre, le nombre d'unités restantes (non réunies dans un regroupement d'ordre supérieur) : nombre d'unités simples restantes, de dizaines restantes, etc. Chacun de ces nombres, forcément inférieur à dix, est représenté par un chiffre. L'absence d'unité restante d'un certain ordre est symbolisée par le chiffre 0. Le principe de la numération de position consiste à déterminer une place précise pour les chiffres de chaque ordre : en partant de la droite, on place d'abord le chiffre des unités simples, puis celui des dizaines, puis celui des centaines, etc.

L'appropriation du système décimal de position nécessite de nombreux apprentissages :
– compréhension de l'organisation de ce système en relation avec des activités de groupements et d'échanges ;
– compréhension de l'organisation du système écrit et en particulier de la signification des chiffres dans l'écriture d'un nombre ;
– compréhension du rôle du chiffre 0 ;
– compréhension et connaissance du système oral de numération et en particulier des irrégularités, c'est-à-dire des décalages, avec le système écrit (onze, douze... seize, dix-sept ; soixante, soixante-dix, quatre-vingts, quatre-vingt-dix).

Activités de groupement

À la fin du cycle 1 ou au Cours préparatoire, confrontés à des situations de groupement par paquets de dix de collections inférieures à une centaine d'éléments, les élèves se rendent compte que les écritures des nombres sont organisées pour désigner le nombre de dizaines et le nombre d'unités. 24 représente 2 dizaines (2 paquets de dix) et 4 unités. L'écriture du nombre « vingt-quatre » prend une nouvelle signification par la lecture segmentée des chiffres. Pour dénombrer les objets d'une collection, les élèves peuvent alors réinvestir cette connaissance en formant des paquets de dix.

Décalages entre l'oral et l'écrit

Au début de l'apprentissage, la difficulté provient davantage des décalages existant entre les numérations orale et écrite. Les écritures « 10, 11, 12, 13, 14, 15, 16 », lues « dix, onze, douze, treize, quatorze, quinze, seize », sont saisies globalement sans segmentation. C'est seulement à partir de 17, oralisé « dix-sept », que les élèves commencent à questionner les écritures à deux chiffres différemment. L'écriture « 17 » peut être saisie globalement ou de manière segmentée : dans 17, on entend « dix » et « sept ». Le 1 de 17 veut dire dix.
Une autre difficulté de l'apprentissage porte sur la double signification des écritures 10, 20, 30... 10, c'est dix, mais aussi une dizaine. 20, c'est vingt, mais aussi deux dizaines... De même, 67, c'est soixante-sept mais aussi 6 dizaines et 7 unités. Le code oral maintient la perception globale de la quantité, le code écrit est une interface qui permet le basculement de cette signification à celle de l'organisation en dizaines et unités.

Un matériel dépouillé

Au cours de l'apprentissage, un matériel simple schématisant la dizaine et la centaine constitue pendant un temps une aide précieuse. Une bande, comportant dix cases d'un côté et vierge de l'autre, schématise ce basculement de significations de dix unités en une dizaine. 27 est représenté par 2 barres dizaines et 7 « petits carrés ». De même, une plaque carrée comportant, d'un côté, un quadrillage de 100 carreaux (10 × 10 carreaux) et vierge de l'autre, facilite le basculement de significations entre 100 unités et une centaine. **L'utilisation de ce matériel doit être momentanée car l'objectif est bien de permettre aux élèves d'attribuer directement des significations aux écritures.**

L'apprentissage de la numération se confond donc avec l'acquisition de différents systèmes de représentation (code oral, code écrit, représentations schématiques et iconiques) et des règles d'action qui portent sur ces représentations, c'est-à-dire avec la constitution de significations portées par ces représentations et l'habileté à les mettre en relation (mise en correspondance par basculement, analogie, transformation, inférence, etc.). Il est également à mettre en relation avec celui des opérations : 10 + 7 = 17 ; 44 – 40 = 4 ; 44 – 4 = 40.

Un autre aspect du système de numération décimale doit faire l'objet d'un apprentissage : celui de son **organisation algorithmique**. Le système étant fondé sur dix chiffres seulement, les nombres s'écrivent d'abord avec un chiffre, puis deux chiffres, trois chiffres... au fur et à mesure que les combinaisons s'épuisent (1, 2... 9, 10, 11... 19, 20... 99, 100... 999, 1 000...). Les passages cruciaux doivent faire l'objet d'un apprentissage mettant en relation l'aspect algorithmique et l'aspect groupement : utilisation d'un compteur et groupements en dizaines, centaines, milliers, etc.

Activités d'échange

Les activités d'échange permettent la constitution d'actions mentales de transformation concernant la numération :
– échanger dix unités contre une dizaine, ou une dizaine contre dix unités ;
– échanger dix dizaines contre une centaine et une centaine contre dix dizaines, etc.

Les activités d'échange renforcent la mise en correspondance des significations des écritures des nombres à condition de ne pas être trop artificielles. L'utilisation du matériel (unités, bandes dizaines, plaques centaines) est momentanément très utile pour ancrer les significations de la dizaine et de la centaine à l'organisation des quantités. **Mais toute utilisation prolongée du matériel constitue très vite un frein à la compréhension de l'organisation du système décimal de numération de position** (par exemple, l'utilisation de boîtes de billes du début à la fin de l'année)
Des situations concernant la monnaie peuvent être proposées : échange entre un billet de 100 euros et dix billets de 10 euros, entre un billet de 10 euros et dix pièces de 1 euro. Un billet de 10 euros est perçu alternativement comme un billet d'une certaine catégorie (une dizaine d'euros) et 10 euros.
La constitution de représentations mentales concernant les échanges est indispensable pour les apprentissages concernant le calcul. Dans le cadre de certaines procédures de calcul et en fonction des nombres, on est en effet amené à « casser » une dizaine ou une centaine pour pouvoir « avancer » dans l'exécution de la procédure.

Distinction « chiffre des... », « nombre de... »

Un apprentissage déterminant pour la compréhension et l'utilisation du système décimal consiste à faire la **distinction entre chiffre et nombre** et à rechercher le nombre de dizaines, de centaines, de milliers qu'il y a dans un nombre à partir de la lecture de son écriture. Pour trouver le nombre de dizaines qu'il y a dans le nombre 567, on repère d'abord le chiffre des dizaines : 5**6**7 ; le nombre de dizaines est 56. Ce savoir-faire est nécessaire à l'acquisition de très nombreuses compétences. Une dernière difficulté consiste à écrire le nombre correspondant à un nombre de dizaines : 37 dizaines, c'est 370.

Quelles relations entre l'apprentissage du système de numération de position et celui du calcul ?

Le rôle des représentations, de leurs significations et de leur contrôle

L'apprentissage de la numération décimale au CP doit permettre aux élèves de se constituer des représentations mentales. L'objectif est de permettre à l'élève, dans différents contextes, de mobiliser et de relier des significations structurales et fonctionnelles adaptées aux situations. Ces significations s'appuient sur des registres sémiotiques (langue, schémas, dessins, écritures comportant des symboles mathématiques, etc.). Les signes s'organisent dans des registres et sont des objets d'interprétation. Les registres sémiotiques sont des modes de signifier qui permettent d'expliciter certains aspects de l'information.

10 + 5

↕

1 paquet de dix et 5 unités ⟷ 15 ⟷ 1 dizaine et 5 unités

15 doit déclencher différentes significations :

– *« 15, c'est un paquet de dix et 5 unités »* : cette formulation langagière correspond à l'image d'un paquet et d'unités isolées à l'extérieur du paquet ;

– *« 15, c'est 1 dizaine et 5 unités »* : cette formulation peut correspondre à la schématisation d'une dizaine sous la forme d'une barre dizaine, ou d'un trait, et de cinq unités sous la forme de cinq carrés, cinq ronds ou cinq croix ;

– *« 15, c'est 10 + 5 »* et également *« 10 + 5 = 15 »* : ces équivalences nécessitent la maîtrise d'un glissement de signification *(« 10, c'est dix ou une dizaine »)*. Dans ce cas *« 10 + 5 = 15 »* déclenche plutôt des significations structurales.

L'écriture « 15 » est centrale car elle assure la mise en correspondance entre les significations attachées aux actions exercées sur des collections (groupements par dix) et les significations liées aux actes exercés en relation avec l'algorithme du système de numération. 15, c'est 1 dizaine et 5 unités. Mais avant 15, il y a 14 dans la suite des nombres. 14 désigne une collection ayant un élément de moins qu'une collection désignée par 15, donc 14 c'est 15 – 1. De même, 16 est le nombre qui suit 15 et 16 c'est 15 + 1. On obtient le nombre qui suit en ajoutant 1, le nombre qui précède en retirant 1.

Le contrôle des transformations exercées sur l'écriture 25 peut s'exercer aussi bien du côté des significations portant sur les représentations des collections en dizaines et unités que du côté des significations portant sur le système algorithmique :

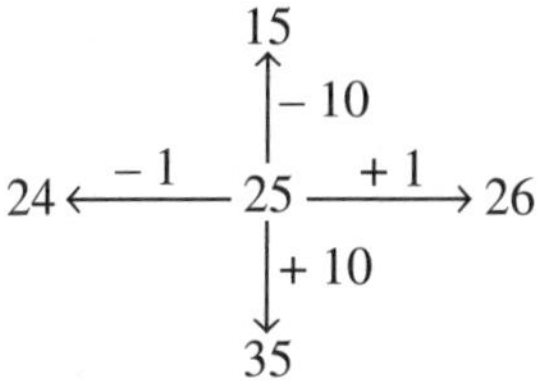

– 25 – 10 : on retire dix, c'est-à-dire une dizaine, ou on retire 1 au chiffre des dizaines en décomptant. Ici, l'écriture déclenche plutôt des significations fonctionnelles ;
– 25 + 10 : on ajoute dix, c'est-à-dire une dizaine, ou on ajoute 1 au chiffre des dizaines en surcomptant ;
– 25 – 1 : on retire une unité ou on retire 1 au chiffre des unités en décomptant ;
– 25 + 1 : on ajoute une unité ou on ajoute 1 au chiffre des unités en surcomptant.

Une anecdote pour comprendre les enjeux de cet apprentissage

« Je sais, dit un élève. Si j'ajoute un zéro dans le 10, ça fera vingt ! »
10 est reconnu globalement comme l'écriture du nombre dix. *« Dans le dix »*, c'est-à-dire dans l'écriture 10, *« il y a un zéro »*. L'élève procède à une lecture segmentée qu'il oralise sous la forme *« il y a un zéro »*. Il pense qu'en ajoutant un zéro supplémentaire dans le dix, celui-ci en contiendra maintenant deux zéros. *« Deux zéros »* s'écrit en chiffres dans une correspondance directe mot-chiffre : 20. Mais 20 est reconnu globalement comme l'écriture du nombre vingt. Donc, si l'on ajoute un zéro dans le 10, cela fera 20.
10, 20, 30, 40... sont des écritures plus difficiles à interpréter que les écritures 15, 25, 35... à cause de la présence du zéro.

Le système de numération de position a été inventé à la fois pour énumérer de manière rationnelle les quantités, mais aussi pour faciliter le calcul écrit. L'apprentissage du calcul est donc indissociable de celui de la numération. Toutefois, l'apprentissage de procédures, de procédés ou de techniques de calcul sur l'ensemble des nombres ne peut être entrepris qu'après l'appropriation du sens des opérations sur de petits nombres : les relations entre addition et soustraction apparaissent plus facilement sur les petits nombres (voir l'apprentissage des trios concernant le nombre 10 dès le début du CP). D'autre part, la compréhension de la numération s'effectue plus naturellement chez les élèves de CP lorsqu'ils sont confrontés à l'organisation de quantités importantes (par exemple jusqu'à 69 éléments), plutôt que par paliers (de 0 à 20, puis de 20 à 50, etc.). Il faut que les élèves éprouvent des difficultés à énumérer une collection (sans se tromper, sans oublier d'éléments, sans compter deux fois un élément) pour que le dénombrement par paquets de dix s'impose.

Le dispositif d'apprentissage doit également prendre en compte la difficulté des élèves à attacher une double signification aux écritures des nombres 10, 20, 30... 10 doit pouvoir signifier « dix », mais aussi 1 dizaine, 20 doit signifier « vingt », mais aussi 2 dizaines. À titre d'exemple, le lecteur trouvera ci-dessous un choix de savoirs et de savoir-faire à faire acquérir par les élèves concernant une compétence.

Exemple d'un choix de savoirs et de savoir-faire concernant l'acquisition d'une compétence relative à la numération décimale de position

Compétence : comparer, ranger, encadrer des nombres (en particulier entre deux dizaines consécutives ou deux centaines consécutives).

La maîtrise de cette compétence nécessite des **acquisitions de savoirs et de savoir-faire concernant la numération décimale de position**. À des fins de cohérence, il s'agit donc de définir des savoirs et des savoir-faire fondamentaux qui faciliteront la maîtrise de l'ensemble des compétences concernant la connaissance des nombres entiers naturels et, en particulier, celles qui concernent les désignations orales et écrites et l'ordre sur les entiers.

Exemples de savoirs et de savoir-faire à acquérir :

1. Savoir que les chiffres qui constituent l'écriture d'un nombre n'ont pas la même valeur.

2. Savoir que le premier chiffre en partant de la droite dans l'écriture d'un nombre est le chiffre des unités, que le deuxième chiffre est le chiffre des dizaines, etc.

3. Savoir que dix unités constituent une dizaine et qu'une dizaine c'est dix unités, que dix dizaines constituent une centaine et qu'une centaine c'est dix dizaines, etc.

4. Savoir que 10 représente une dizaine, que 100 représente une centaine.

5. Savoir que, pour représenter une collection, on regroupe systématiquement dix groupements d'une certaine valeur en un groupement de la valeur supérieure : 10 paquets de dix, c'est-à-dire dix dizaines, sont regroupés en un paquet de 100, c'est-à-dire une centaine, etc.

6. Savoir que, lorsque l'on effectue ces regroupements, certaines unités peuvent ne pas être représentées. Par exemple, s'il n'y a pas de paquets de dix, on représente cette absence par le chiffre 0 à la place du chiffre des dizaines.

7. Savoir que, lorsqu'un nombre est égal à un nombre de dizaines, son écriture s'obtient en ajoutant un zéro au nombre de dizaines, etc. Par exemple : 74 dizaines, c'est 740 unités.

Des **situations de groupements et d'échanges** sont les situations adaptées pour permettre l'émergence et l'acquisition de ces savoirs.

L'acquisition de savoir-faire associés est également nécessaire. Voici quelques savoir-faire fondamentaux :
1. Savoir repérer le chiffre des unités, le chiffre des dizaines, le chiffre des centaines, etc., dans l'écriture d'un nombre.
2. Savoir déterminer le nombre de dizaines, le nombre de centaines contenues dans un nombre à partir de son écriture. Par exemple, pour connaître le nombre de dizaines dans le nombre 567, on repère le chiffre des dizaines : 6. L'écriture du nombre de dizaines est déterminée par les chiffres qui précèdent 6 et ayant pour dernier chiffre 6. On obtient 567, donc 56 est le nombre de dizaines. Au cycle 3, un tel savoir-faire pourra également être réinvesti dans le cadre des nombres décimaux. Pour déterminer le nombre de dixièmes contenus dans 567, on repère le chiffre des dixièmes 6 : 56 est le nombre de dixièmes.

Pour comparer deux nombres comme 421 et 419, on peut mettre en œuvre plusieurs savoir-faire :
– soit comparer les chiffres des centaines, puis les chiffres des dizaines : les nombres ont le même chiffre des centaines ; le chiffre des dizaines de 421 étant plus grand que le chiffre des dizaines de 419, 421 est plus grand que 419, mais en comparant chiffre à chiffre on peut perdre le sens de la comparaison ;
– soit on repère que le nombre 421 contient 42 dizaines, alors que 419 n'en contient que 41, donc 421 est plus grand que 419 ; dans ce cas, la comparaison des deux nombres s'appuie sur le sens.

Les mêmes savoirs et savoir-faire pourront être réinvestis pour encadrer un nombre par deux dizaines consécutives. 432 est compris entre 43 dizaines et 44 dizaines car il y a 43 dizaines dans 432. D'où $430 < 432 < 440$.

Le choix des savoirs et des savoir-faire est donc déterminant si l'on veut que les élèves puissent toujours donner du sens à leurs actions.

L'enseignement du calcul au cycle 2

27

Qu'est-ce qu'une procédure de calcul ?

Calculer, c'est reconnaître ou construire une procédure et l'exécuter pour obtenir le résultat d'une opération ou d'une suite d'opérations arithmétiques. **Une procédure est une suite ordonnée d'opérations cognitives et d'actions matérielles définies pour un dispositif et une tâche donnés, dont l'exécution a pour objectif de faire passer d'un état initial à un état final ou but.**
L'instanciation d'une procédure consiste à appliquer la procédure (lorsqu'elle est déjà construite et reconnue comme pertinente) aux données du problème. **L'exécution** d'une procédure consiste à effectuer la procédure.

Plusieurs types d'opérations cognitives composent une procédure :
– les transformations ;
– les identifications de propriétés d'états visant à assimiler un état particulier de la procédure à une classe pertinente de l'action ;
– les sélections de traitements (simples enchaînements ou véritables choix) qui permettent à tout moment le traitement suivant à exécuter.

L'enjeu des apprentissages concernant le calcul consiste à permettre la constitution chez les élèves de systèmes de représentation et de traitement (SRT), produit de l'intériorisation des tâches, reliant les représentations et les traitements associés aux objets, aux propriétés et aux opérations du domaine, donc au dispositif du domaine (notamment les registres sémiotiques).

Les **procédures algorithmiques** conduisent au but avec certitude en un temps fini et comportent les identifications de tous les états cruciaux. Les **procédures heuristiques** orientent l'exécution vers des voies prometteuses.

Est-il pertinent d'opposer procédures expertes et procédures personnelles ?

Une procédure est toujours personnelle. Une procédure experte se rapporte à l'élève et non à la procédure. Deux critères fondamentaux déterminent une procédure experte :

– savoir choisir une procédure adaptée à la situation de calcul et la mener à son terme ;
– savoir mobiliser ses connaissances pour construire une procédure de résolution.

Le terme de « procédure personnelle » est donc maladroit. Les programmes emploient le terme de procédure personnelle lorsqu'un élève met en œuvre une procédure heuristique ou doit procéder à sa construction.

Quelles modalités du calcul à l'école ?

Calcul écrit, calcul mental, calcul instrumenté

Un type de calcul est défini par ses conditions d'exécution :
– possibilité ou non d'écrire, utilisation d'une calculatrice ;
– disposition des calculs sur la feuille et utilisation d'un ou plusieurs registres d'écriture.

La pratique de chacun des trois types de calcul allie réflexion, raisonnement et automatismes :
– le calcul réfléchi ne se confond pas avec le calcul mental ;
– le calcul automatisé ne se confond pas avec l'exécution d'une technique, ni avec la récitation des tables ;
– le calcul instrumenté n'exclut pas la mise en œuvre d'un raisonnement.

Il existe d'autres conditions du calcul :
– obligation de trouver le plus vite possible le résultat (calcul rapide) ;
– possibilité de mobiliser le moins possible d'énergie notamment du côté de la mémoire de travail (calcul agréable ou tranquille, « qui ne prend pas la tête »).

La numération décimale de position répond aux conditions suivantes :
– pouvoir représenter les grands nombres, organiser les quantités, énumérer les éléments ;
– pouvoir dire et écrire les nombres avec peu de mots et peu de symboles ;
– faciliter l'exécution des calculs et en conserver la trace.

Le calcul mental ne peut donc pas être dissocié du calcul écrit puisque le calcul s'exerce sur des écritures s'insérant dans un système inventé pour calculer. Il s'appuie sur différentes représentations cognitives en relation avec la langue orale et les registres connus et utilisés dans le calcul écrit. La richesse du calcul réfléchi se développe grâce aux transformations sur les écritures. Le calcul écrit nécessite la mise en œuvre d'opérations mentales qui ne donnent pas lieu à des traces écrites. L'écrit facilite la prise de signification et soulage la mémoire de travail.

Quelle place pour les techniques opératoires aujourd'hui ?

Les techniques de calcul automatisées ou calcul posé

Une technique opératoire est une procédure totalement automatisée, une norme culturelle, partagée par un groupe social, contrôlable et enseignable. C'est une procédure s'exerçant sur un dispositif écrit par un sujet doté d'une **mémoire sémantique** et d'une **mémoire de travail**. Une technique opératoire est généralement un algorithme, c'est-à-dire une succession finie de calculs de même type faisant avancer la résolution d'un pas à chaque répétition : les techniques les plus utilisées en France sont des procédures algorithmiques qui permettent de progresser chiffre à chiffre.

Une technique s'appuie sur les propriétés de l'opération et celles de la numération ainsi que sur les conditions d'exécution de l'algorithme : stockage et récupération des résultats élémentaires en mémoire à long terme, gestion de la mémoire de travail, disposition des écritures, inscription de calculs intermédiaires. L'exécution d'une technique nécessite :

– la récupération d'informations stockées sur le long terme ;

– la capacité de stockage et de maintien d'informations à court terme, c'est-à-dire l'exercice de la mémoire de travail.

Mémoire de travail et mémoire sémantique travaillent en interaction : récupérer des connaissances générales sur le nombre (notamment concernant la numération), appliquer des procédures (par exemple, des retenues) et des stratégies (comptage, calcul), et maintenir une trace mnésique des étapes, des valeurs intermédiaires et des informations spatiales (position des chiffres). **Moins la récupération des résultats stockés dans la mémoire à long terme pose de difficulté, plus l'espace disponible dans la mémoire de travail est important.**

L'apprentissage d'une technique nécessite habitude et entraînement, la mise en œuvre des mémoires procédurales et implicites, ainsi que de la mémoire visuelle des écritures. Le sens d'une technique est la compréhension de la structure de contrôle par les significations. À travers son exécution routinière, toute technique perd son sens originaire.

Critères d'analyse des techniques

Les critères d'analyse portent sur :

– les propriétés mathématiques sous-jacentes ;

– l'organisation des opérations élémentaires de l'algorithme ou de la procédure avec une plus ou moins grande répétitivité ;

– les registres d'écritures et la disposition des calculs ;

– la plus ou moins grande dépendance vis-à-vis de la relation existant entre les nombres du calcul ;
– l'accroissement de la complexité de la mise en œuvre en fonction de la taille des nombres ;
– la plus ou moins grande importance de l'utilisation de la mémoire à long terme (stockage et récupération de faits numériques mémorisés) ;
– la plus ou moins grande habileté dans l'exercice de la mémoire de travail.

Critères de choix d'une technique

Les critères de choix principaux d'une technique sont :
– la facilité de son exécution (voir les critères d'analyse ci-dessus) et de sa mémorisation afin de limiter le temps de son apprentissage ;
– le contrôle par le sens.

Dans la trame d'apprentissage proposée dans les deux premières parties, nous avons choisi de retenir la technique opératoire classique de l'addition, tout en privilégiant l'utilisation du calcul réfléchi mental ou écrit en ligne. En ce qui concerne la soustraction, la technique opératoire posée en colonnes de la soustraction n'étant pas au programme du cycle 2, nous avons privilégié le calcul en ligne, notamment par utilisation de la conservation de l'écart. Une fois maîtrisé, un tel procédé de calcul en ligne peut être considéré comme une technique qui n'obéit pas à l'exécution d'un algorithme chiffre à chiffre.

Qu'est-ce que le calcul réfléchi ? Quelle place pour le calcul réfléchi ?

Les procédures de calcul réfléchi

Le calcul réfléchi consiste à faire le choix d'une procédure en fonction de la situation de calcul (nombres et mode de calcul). L'exercice du calcul réfléchi nécessite la connaissance de plusieurs procédés de calcul. Un procédé de calcul réfléchi se fonde sur :
– la connaissance des significations structurales et fonctionnelles de l'opération en jeu (retrait, écart, complément...) ;
– les caractéristiques du mode de calcul et de sa disposition (en ligne, en arbre, dans un tableau de correspondance, utilisation de flèches...) ;
– la connaissance des propriétés de la numération et des opérations (« chiffre des » et « nombre de », commutativité, associativité...) ;
– la connaissance des relations numériques (double, relation entre addition et soustraction...) ;
– la mise en œuvre de nombreux automatismes ;
– les possibles procédures de vérification et de contrôle.

Dans le cadre du calcul réfléchi, calculer une somme, une différence, un produit ou un quotient ne correspond pas à « effectuer une opération », mais à mobiliser un type de procédure en fonction de la situation de calcul : choix d'une stratégie et, éventuellement, élaboration de la procédure. Par exemple, une procédure possible pour calculer la différence 23 – 19 consiste à calculer le complément de 19 à 23 ; en revanche, pour calculer 23 – 2, il est plus aisé de procéder en décomptant. Ce type de calcul est profondément différent de celui qui consiste à utiliser la même technique opératoire quels que soient les nombres en jeu. Des séances régulières d'un quart d'heure à une demi-heure alliant calcul réfléchi écrit et calcul mental permettent aux élèves d'étendre leurs possibilités.

Comme le dit François Conne : « *Ce qui pose problème dans l'apprentissage des comptages et des calculs élémentaires n'est pas l'acquisition de telle ou telle compétence isolée, mais bien leur intégration dans un système stable, et je défends l'idée que les notations symboliques jouent un rôle déterminant dans ce processus*[1]. » L'apprentissage d'une technique opératoire ne devrait intervenir qu'après l'acquisition d'une certaine maîtrise du calcul réfléchi : poser trop tôt les opérations, c'est empêcher l'appropriation d'autres procédés de calcul et en particulier le calcul réfléchi dans une relation entre calcul mental et calcul écrit, entre calcul mental et calcul instrumenté. Il faut créer une attitude : n'employer une technique opératoire qu'en cas de nécessité. L'apprentissage du calcul réfléchi et celui de la résolution de problèmes sont indissociables.

Quelle place pour le calcul instrumenté ?

Dans le cadre du calcul instrumenté, la calculatrice peut être utilisée avec profit comme :
– outil de calcul pour résoudre des problèmes. En effet, l'exécution d'une technique opératoire, notamment pour des grands nombres, est consommatrice de temps et peut occulter l'objectif visé de compréhension du problème ;
– outil pour explorer des faits numériques : machine à produire rapidement des résultats, elle permet de mettre en relation les faits produits ;
– support d'exercices ou de problèmes. Par exemple, l'enseignant demande à ses élèves d'anticiper un résultat qu'ils vérifient à l'aide de la calculatrice (trouver le nombre qu'il faut ajouter à 345 pour obtenir 415, etc.) ;
– outil de structuration du champ additif et du champ multiplicatif. Pour trouver le nombre x qui vérifie $43 + x = 101$, il convient de calculer le résultat de la soustraction 101 – 43, alors que mentalement on peut rechercher le complément de 43 à 100 et ajouter 1.

1. F. Conne, *Comptage et écriture en ligne d'égalités numériques*, La Pensée sauvage, coll. « Recherches en didactique des mathématiques », 1989.

La calculatrice doit toutefois être utilisée avec prudence. Son emploi est exclu dans le cadre des activités concernant l'apprentissage du calcul réfléchi écrit et mental. La mémorisation des résultats des sommes et des produits élémentaires ne s'accommode pas non plus du recours à la calculatrice. Un résultat oublié doit être retrouvé par l'élève à partir de résultats connus ou d'une procédure.

Quel apprentissage des automatismes ? Quelle place pour le développement de la mémoire dans l'apprentissage ?

Le maître doit organiser un apprentissage des automatismes au service du sens. Cet apprentissage concerne :

• le stockage et la récupération :
– des différentes significations fonctionnelles et structurales liées aux opérations,
– des résultats des sommes et des produits élémentaires (sans recours à la récitation dans l'ordre des tables),
– des décompositions des nombres sous forme de sommes, de différences, de produits,
– du terme inconnu d'une somme (complément), du facteur inconnu d'un produit ;

• la mémorisation des relations numériques et de leurs équivalences ;

• la mémorisation des règles de transformation, d'inférence et de correspondance en relation avec le type de registre sémiotique en jeu en relation avec le système de numération ;

• la mémorisation des étapes des procédures algorithmiques (techniques opératoires), des représentations qui orientent le calcul réfléchi vers l'utilisation des schémas d'exécution des procédés de calcul ;

• la mémorisation des transformations permettant de remplacer un calcul par un calcul équivalent (sommes ou différences égales) ;

• l'exercice de la mémoire de travail.

Le rôle de la mémoire

Comment les connaissances sont-elles stockées en mémoire et comment les processus mentaux opèrent-ils sur ces connaissances sont deux questions centrales de la psychologie cognitive[1]. L'individu peut être considéré comme un système qui encode, stocke, récupère et traite de l'information.

1. Voir M. Bernoussi, « Contraintes mnésiques et développementales dans la connaissance des faits arithmétiques », *in* J. Bideaud, H. Lehalle, *Le Développement des activités numériques chez l'enfant*, Hermès sciences, coll. « Traité des sciences cognitives », 2002.

Ce système est sous l'influence d'un ensemble de contraintes structurelles et fonctionnelles qui déterminent ses capacités de stockage et de traitement. Ces contraintes ont un rôle plus important quand le système lui-même est en développement. Dans ce cas, il est à la fois limité par ces contraintes mnésiques qui agissent sur ces capacités et qui elles-mêmes évoluent, mais aussi par son niveau de développement, de compétence et d'habileté.

Les contraintes de l'espace de traitement concernent les relations entre charge mentale et maintien de l'information dans le cadre de la mémoire de travail. Cette mémoire est définie par un système qui a essentiellement deux rôles : le maintien temporaire et la manipulation de l'information pendant la réalisation d'un certain nombre de tâches. On considère que ce système comporte trois composantes :

– une composante centrale, appelée « administrateur central », sous-système responsable du déclenchement des processus mentaux qui permettent la prise de décision et la récupération de l'information en mémoire à long terme. L'administrateur central contrôle l'attention et supervise le fonctionnement des composantes auxiliaires ;

– l'une des composantes auxiliaires est la boucle phonologique (ou articulatoire). Elle est composée d'un espace de stockage, qui permet de maintenir l'information pendant une durée très courte, et d'un espace de traitement associé à un processus qui permet la lecture des informations contenues dans l'espace de stockage ;

– la seconde composante auxiliaire est le calepin visuo-spatial particulièrement destiné au maintien des informations imagées et spatiales.

Les contraintes de traitement qui articulent mécanismes de stockage et mécanismes de traitement sont fondées sur **l'activation**. L'activation permet non seulement le maintien d'un élément en mémoire mais aussi les traitements, puisque la manipulation des informations est liée à leur niveau d'activation. Les mécanismes de maintien et de traitement s'insèrent dans un processus dynamique qui nécessite une bonne gestion de la quantité disponible d'activation. Le dépassement de cette quantité conduit à des interférences entre les demandes de stockage et les demandes de traitement. Ces interférences entraînent à leur tour soit un ralentissement du traitement, soit un oubli.

Les contraintes sont issues du traitement lui-même et la mémoire de travail est associée à une partie de la mémoire à long terme. Celle-ci est conçue comme un réseau associatif, comportant un ensemble de nœuds associés entre eux. Chaque nœud dispose d'un seuil d'activation qui lui est propre. En fonction du traitement à effectuer, certains nœuds vont être activés et, du coup, intégrer la mémoire de travail. L'activation diffuse alors les nœuds qui lui sont associés, et qui ne sont pas tous pertinents pour la réalisation de la tâche. Les éléments non pertinents pour la réalisation de la tâche agissant comme des interférences, la charge mentale devient alors le résultat d'un rapport entre les éléments pertinents et non pertinents, mais aussi entre les mécanismes d'activation et d'inhibition.

L'une des contraintes mnésiques du système cognitif est la limite de la capacité de la mémoire de travail, qui ne peut stocker qu'un faible nombre d'unités et pendant une courte durée. Face à une tâche, un sujet cognitif active, grâce à une énergie mentale, un ensemble de schèmes impliqués dans cette tâche qui vont être intégrés en mémoire de travail. À ce niveau, deux contraintes s'exercent sur le système cognitif :
– la première est le rapport entre le nombre de schèmes pertinents et non pertinents qui doivent être inhibés ;
– la seconde concerne le nombre de schèmes que le sujet peut activer simultanément pour une même opération. Cette capacité augmente avec l'âge, elle correspond à une unité à l'âge de 3 ans et évolue progressivement pour atteindre sept unités à l'âge de 15 ans.

La limitation de la capacité de la mémoire de travail peut entraîner l'impossibilité de manipuler l'information pendant la réalisation d'un certain nombre de tâches : on parle alors de « surcharge cognitive ».

Deux facteurs semblent rendre compte du développement de la mémoire de travail avec l'âge : l'augmentation des capacités attentionnelles et la vitesse et la durée du maintien. Ces deux facteurs seraient dus à une meilleure gestion des ressources entre le traitement et le stockage. *« L'examen de toute activité cognitive sous l'angle des contraintes mnésiques et de leur développement nécessite la prise en compte d'au moins deux grandes catégories d'éléments : l'impact des contraintes de stockage et du maintien de l'information d'une part et, d'autre part, l'évolution et l'efficience des processus impliqués dans cette activité, qui est un indicateur de l'automatisation des traitements et de la libération des ressources*[1]. »

Le rôle de la mémoire de travail dans l'exercice du calcul

Les trois composantes de la mémoire de travail sont sollicitées dans l'exercice du calcul.

• L'administrateur central permet :
– la récupération des connaissances générales sur le nombre (en particulier les faits élémentaires des répertoires additif et multiplicatif dans le cadre du système décimal) ;

1. M. Benoussi, *op. cit.*

– la récupération et l'application des procédures et des stratégies (procédures algorithmiques et heuristiques) ;
– le maintien d'une trace mnésique des étapes.

• La boucle phonologique permet le maintien des valeurs intermédiaires (par exemple, le maintien d'une retenue dans l'exécution de la technique opératoire de la multiplication).

• Le calepin visuo-spatial permet le maintien des informations spatiales (nombre de chiffres et position, formes des écritures, etc.).

• L'automatisation du processus de récupération en mémoire des faits arithmétiques permet de libérer les ressources pour le stockage et le traitement de l'information. Cet espace de stockage permet à son tour de maintenir les résultats intermédiaires en mémoire de travail, et de baisser de manière considérable le taux d'erreur.
L'automatisation des traitements qui a pour effet de renforcer les liens (force d'association) entre les séquences successives d'un même processus contribue également à diminuer les effets des contraintes mnésiques.

Les enjeux de l'apprentissage lié à l'exercice de la mémoire

Ces enjeux sont multiples.

1. Il s'agit de permettre à l'élève de mémoriser des faits numériques, mais les conditions de cette mémorisation déterminent la force des associations et l'automatisation de leur récupération en situation. L'apprentissage des tables de multiplication d'une manière séquentielle peut limiter la récupération immédiate des résultats élémentaires. La récupération immédiate de la valeur de « 7 fois 8 » exige la création d'une association forte entre « 7 fois 8 » et 56, que ne permet pas l'automatisation du parcours de l'ensemble des résultats de la table des 8. La création et le maintien de l'intensité de la force d'une association en mémoire à long terme dépendent non seulement de la fréquence de son activation, mais aussi des associations connexes qui permettent de la renforcer.

Le cas de « 7 fois 2 »
« 7 fois 2 » sera d'autant mieux mémorisé qu'il le sera dans un réseau d'associations.
« 7 fois 2 », c'est « 2 fois 7 » ou encore « 7 et 7 » (d'où l'importance de l'apprentissage concernant la commutativité de la multiplication). Le résultat de « 7 et 7 » peut s'inscrire dans la liste des doubles (4, 6, 8, 10, 12, 14, 16, 18), ce qui limite les possibilités.
« 7 et 7 » peut se décomposer en deux fois « 5 et 2 », c'est-à-dire « deux fois 5 et deux fois 2 », donc « 10 et 4 ». « 7 + 7 », c'est « 7 + 3 + 4 », donc « 10 + 4 ».

Le nombre d'associations connexes facilitera l'automatisation de la récupération de « 7 fois 2, 14 », notamment dans le cadre d'une mémoire visuelle. En prononçant « 7 fois 2 », on associe l'image de l'écriture du résultat 14. L'association peut elle-même se décomposer et un lien fort peut se créer entre « 2 fois 7 » et 4, le dernier chiffre de 14.

Le cas de « 7 fois 8 »
Si ce résultat est plus difficile à mémoriser, c'est que le réseau d'associations connexes est plus restreint.
« 7 fois 8 », c'est « 8 fois 7 », mais ce dernier résultat est tout aussi difficile à mémoriser.
« 7 fois 8 » vient après « 6 fois 8 » dans le parcours séquentiel des résultats de la table des 8, mais l'association entre ces deux faits arithmétiques est également difficile à établir. « 7 fois 8 », c'est « 6 fois 8 » plus « 1 fois 8 », mais le calcul de « 48 + 8 » a lui-même un coût qui ne facilite pas la création d'une force d'association en mémoire.
L'association « 7 fois 8 » – c'est-à-dire « 5 fois 8 » plus « 2 fois 8 », fondée sur la propriété implicite de distributivité de la multiplication par rapport à l'addition – est plus simple à réaliser (en particulier parce que l'activation immédiate des résultats élémentaires de la table des 5 est plus facile à effectuer). « 7 fois 8 », c'est « 40 + 16 », donc 56. Cette association peut alors laisser une trace en mémoire : « 7 fois 8 » se termine par 6.
Progressivement, au cours de l'apprentissage, un ensemble de produits élémentaires difficiles à se souvenir est mémorisé : « 7 fois 8 », « 8 fois 7 », « 6 fois 9 », « 9 fois 6 »... À l'inverse, un ensemble de nombres difficiles à retrouver est également mémorisé ; parmi ces nombres figurent 42, 49, 54, 56, 63 et 72.

La création des associations entre les produits difficiles à trouver et les résultats difficiles à retrouver et le renforcement de leur force peuvent faire l'objet d'un apprentissage. Un jeu qui consiste à paver une table de Pythagore vierge par les produits figurant sur des cartons peut faciliter ces associations. Deux joueurs retournent chacun leur tour un carton dans une pioche comportant au départ une centaine de cartons sur lesquels sont inscrits tous les produits. Si l'élève retourne le nombre 36, il devra placer ce carton à l'une des places correspondantes : « 6 fois 6 » ou « 4 fois 9 » ou « 9 fois 4 ». Au fur et à mesure que la table de Pythagore se remplit, le placement d'un nombre peut se faire en relation avec les résultats déjà placés, créant ainsi des associations.

2. Il s'agit de permettre à l'élève non seulement de mémoriser les étapes des procédures algorithmiques dans le cadre du calcul automatisé, mais aussi, en relation avec les opérations arithmétiques et dans le cadre du calcul réfléchi, de mémoriser des représentations qui permettront d'orienter le calcul dans le cadre de procédures heuristiques (par exemple, un calcul en retirant, un calcul du complément, un calcul par conservation de l'écart pour la soustraction).

3. Il s'agit de permettre à l'élève d'exercer sa mémoire de travail dans toutes ses composantes. Le stockage d'informations à court terme doit faire l'objet d'un apprentissage. L'exercice du calcul mental est à ce propos déterminant. Calculer de tête et en ligne des produits du type 56 × 8 permet de renforcer l'efficience de la mémoire de travail : *« 8 fois 6, 48 ; je pose 8 et je retiens 4. 8 fois 5, 40 et 4, 44. 56 × 8 = 448. »*

Ce type de calcul met en jeu toutes les composantes de la mémoire de travail :
– la récupération et l'application des étapes de la procédure, ainsi que le maintien d'une trace mnésique des étapes franchies ;
– la récupération en mémoire des résultats élémentaires ;
– le maintien sur un court terme d'une information pendant que l'on récupère en mémoire à long terme un nouveau résultat ;
– l'utilisation de la boucle phonologique *(« Je retiens 4. »)* et du calepin visuo-spatial (notamment dans la gestion de la position des chiffres).

Organiser un voyage quotidien au pays des nombres

« Aller au-devant du défi (d'apprendre), à la rencontre de la surprise (explorer), à la recherche de l'intrigue (questionner), afin de précéder l'intelligence (comprendre)[1]. » Il s'agit d'organiser un moment quotidien de calcul guidé par la problématique du sens, au cours duquel le maître anime, relance, provoque le mystère, l'énigme et l'émerveillement, motive, introduit un enjeu, une dimension ludique, joue le rôle de passeur, de guide, d'éveilleur, met en relation et suscite le débat.

Chaque voyage s'effectue avec un objectif principal différent et selon une modalité pédagogique adaptée : orale, écrite, procédé La Martinière, recherche individuelle ou par deux.

Chaque voyage est un moment d'articulation :
– entre calcul réfléchi et mise en œuvre des automatismes, entre calcul mental et calcul écrit, un moment qui favorise chez les élèves la constitution de réseaux de significations (par glissement, analogie, basculement) et de structures de sens ;
– entre résolution mentale de problèmes et calcul mental, entre compréhension de la numération et exercice raisonné du calcul.

1. F. Conne, *op. cit.*

L'enseignement de la résolution de problèmes au cycle 2

28

Dans le cadre de la psychologie cognitive, un problème est la « *représentation qu'un système cognitif construit à partir d'une tâche, sans disposer immédiatement d'une procédure admissible pour atteindre le but*[1]. »
À l'école, l'activité de résolution de problèmes est un genre scolaire particulier. Dans les pratiques enseignantes, elle est souvent très codifiée et intervient généralement sans lien étroit avec l'apprentissage de la numération et des opérations. Pour les élèves, résoudre un problème consiste, dans la représentation qu'ils s'en font, à faire une opération ou une suite d'opérations, puis à rédiger la solution.

Les programmes insistent sur la part à accorder à l'apprentissage par résolution de problèmes. Ils font notamment la distinction entre :
– les problèmes dont la résolution vise la construction d'une nouvelle connaissance ;
– les problèmes destinés à permettre le réinvestissement de connaissances déjà travaillées et à les exercer ;
– les problèmes plus complexes que les précédents dont la résolution nécessite l'utilisation de plusieurs catégories de connaissances ;
– les problèmes centrés sur le développement des capacités à chercher : en général, pour résoudre ces problèmes, les élèves ne connaissent pas encore de solution experte.

Si le rapport de l'Inspection générale de juin 2006 note que la résolution de problèmes a été brouillée (voir p. 162), c'est que les différentes fonctions des problèmes à l'école ne sont pas définies assez précisément. Les apprentissages concernant la numération, les opérations arithmétiques et le calcul nécessitent bien sûr un apprentissage par la résolution de problèmes en liaison avec d'autres modes d'apprentissage, dans lesquels la mémorisation et l'entraînement ont également leur place. Mais **la mise en œuvre d'un tel apprentissage consiste davantage à proposer une**

1. J.-M. Hoc, *Psychologie cognitive de la planification*, PUG, coll. « Sciences et technologies de la connaissance », 1987.

multiplicité de petits problèmes qui permettent les mises en cohérence et l'émergence du sens tout en étant peu consommateurs de temps, plutôt qu'à proposer une situation-problème par jour dont la longue mise en œuvre réduira la densité de l'activité cognitive chez les élèves, le temps réservé à l'entraînement, ainsi que les possibilités de mise en cohérence de l'aspect d'une notion étudiée dans des cadres de fonctionnement différents.
L'apprentissage du sens des notions numériques dans le cadre de petits problèmes dépouillés (en relation avec des milieux concrets, mais aussi dans un cadre purement arithmétique) doit dans un premier temps précéder la résolution de problèmes liés à la vie courante, à la vie de la classe ou aux autres disciplines. Un apprentissage des notions mathématiques qui ne serait envisagé qu'au travers de ces situations fonctionnelles ne pourrait atteindre ses objectifs (voir l'enseignement des mathématiques avant 1970, p. 155). Un apprentissage purement mathématique des notions qui ne déboucherait pas sur une utilisation des notions dans le cadre de situations fonctionnelles serait particulièrement vain (voir l'enseignement des mathématiques modernes, p. 156).

Il convient donc de distinguer les problèmes qui s'intègrent dans la trame d'apprentissage des notions numériques des problèmes liés aux situations fonctionnelles. Les problèmes pour chercher peuvent s'inscrire dans ces deux catégories. Dans ce cas, les élèves apprennent d'abord à chercher, c'est-à-dire à construire la représentation et la stratégie de résolution d'un problème.

Les programmes insistent également sur la distinction entre procédures personnelles et procédures expertes. Comme dans le cadre du calcul, l'utilisation du terme de « procédure personnelle » est maladroite car la mise en œuvre d'une procédure est toujours personnelle. Il s'agit donc davantage de souligner une attitude de l'élève qui dispose de cette capacité à mobiliser ses connaissances et à réinvestir ses savoirs dans la construction de la stratégie de résolution, lorsqu'il ne dispose pas ou ne reconnaît pas un schéma de résolution déjà mis en œuvre. Le terme de « procédure experte » est également maladroit : l'expertise se rapporte à l'élève face à une situation et non à la procédure. La frontière entre procédure personnelle et procédure experte est d'ailleurs souvent mince.
« S'engager dans une procédure personnelle » correspond plus exactement à *« savoir mobiliser ses connaissances et ses savoirs pour construire une procédure et la mener à son terme lorsque l'on ne dispose pas en mémoire d'un schéma de résolution »*. *« Utiliser une procédure experte »* correspond à *« savoir choisir une procédure adaptée à la situation ou à la résolution du problème et la mener à son terme »*. Concernant les *« problèmes*

pour chercher », l'expertise consiste également à savoir mobiliser ses connaissances pour construire une procédure de résolution. La distinction entre ces deux types de procédures peut donc prêter à confusion. C'est ce que souligne le rapport de l'Inspection générale de juin 2006.

L'**expertise de la résolution** de problèmes passe par un apprentissage concernant la compréhension des problèmes et le choix ou la construction d'une procédure de résolution. La **compréhension** correspond à la construction de la représentation du problème, la **stratégie de résolution** au choix ou à la construction d'une procédure.

La pensée à l'œuvre dans l'activité mathématique s'appuie sur des représentations cognitives de différents types : représentations de type iconique (on utilise souvent le terme d'« images mentales »), linguistique ou fondées sur différents types d'écrits (symbolisme mathématique, schémas, etc.). Résoudre un problème consiste à parcourir un chemin cognitif à travers différents systèmes de représentation et de traitement, chemin d'autant plus riche qu'il peut s'appuyer sur la production d'écrits mathématiques modifiant les possibilités cognitives de traitement (transformations, mises en correspondance, inférences).

Un exemple pour comprendre les enjeux de l'apprentissage de la résolution des problèmes numériques

Énoncé : « *Paul avait 105 euros dans son porte-monnaie. Il a dépensé 99 euros. Quelle somme d'argent a-t-il maintenant dans son porte-monnaie ?* »

La lecture de cet énoncé déclenche une représentation iconique immédiate (représentation dynamique déclenchée par le verbe « dépenser ») : on retire une quantité à un tout initial, ce tout diminue (cette diminution est saisie globalement). À une représentation cognitive de type linguistique correspond donc une représentation cognitive de type iconique (image mentale).
Suite à l'apprentissage mathématique et linguistique, l'élève fait correspondre à cette image, du côté de la représentation linguistique, l'occurrence orale « moins », et du côté de la représentation mathématique écrite le signifiant « – » (symbole mathématique). L'écriture « 105 – 99 = ? » (l'argent restant) et son oralisation sont donc en rapport de mimesis avec la représentation iconique de la situation.
Le travail mental conduisant à cette formulation mathématique consiste à mettre en correspondance différentes représentations (linguistiques, iconiques, mathématiques), sans qu'aucun traitement sur les représentations n'intervienne véritablement.
La suite de la résolution du problème, c'est-à-dire le calcul de la solution, dépend bien sûr des savoirs acquis et des connaissances mobilisables par l'élève, et il est de fait impossible d'établir une liste exhaustive des possibilités.

Voici quelques possibilités *a priori*, donc « théoriques », mais qui trouvent leur instanciation dans les résolutions effectives.

1. Exemple d'une procédure de calcul fondée sur un rapport de mimesis avec la représentation mentale iconique (signification « enlever », « retirer ») de la situation et sur des savoirs et des connaissances liés à la numération décimale et à la monnaie
L'élève représente la somme initiale par des billets ou des pièces de monnaie, puis il barre la somme de 99 euros pour obtenir ce qui reste :

~~50~~ ~~10~~ ~~10~~ ~~10~~ ~~10~~ 5 ~~5~~ ~~1~~ ~~1~~ ~~1~~ ~~1~~ 1

2. Exemple d'une procédure de calcul fondée sur l'utilisation d'un procédé de calcul en rapport de mimesis (analogique) avec la représentation iconique
Par exemple, un calcul en « retirant » sur une droite numérique (l'élève sait que retirer correspond à reculer sur une droite numérique) :

– 4 – 5 – 10 –10 –10 –10 –10 –10 –10 –10 –10

6 10 15 25 35 45 55 65 75 85 95 105

Le contrôle du déroulement de ce procédé nécessite une connaissance concernant la composition des transformations : la somme des « transformations négatives » doit être égale à 99.

3. Exemple d'une procédure de calcul fondée sur un « basculement » de signification dans le système « arithmétique » de représentation et de traitement
Par exemple, pour calculer 105 – 99, on cherche combien il y a pour aller de 99 à 105 : de 99 à 100, 1 ; de 100 à 105, 5 ; 5 et 1, 6 ; 105 – 99 = 6.
L'utilisation de cette procédure nécessite un savoir : *« retirer un nombre à un autre équivaut à trouver le nombre qu'il faut ajouter au premier pour obtenir le second »*.
Si ces deux traitements arithmétiques du problème sont équivalents du point de vue du résultat, ils ne le sont pas du point de vue de la représentation : impossible de « voir » simultanément (du point de vue de la représentation iconique) l'équivalence de ces gestalts (images mentales) dynamiques. Le passage de l'un à l'autre nécessite un basculement d'une signification à l'autre. Si l'on voit le retrait on ne voit pas l'ajout, et vice versa.

4. Exemple d'une procédure de calcul fondée sur une transformation préalable opérant sur la représentation iconique concrète du problème
Par exemple, si l'on ajoute ce que l'on a dépensé à ce qui reste, on obtient ce que l'on avait au départ. Donc, ce qu'il reste plus 99 euros est égal à 105 euros ; il faut ajouter 6 euros à 99 euros pour obtenir les 105 euros de départ ; donc il reste 6 euros.
La mise en œuvre de cette procédure nécessite entre autres la maîtrise de la réciprocité des actions « retirer » et « ajouter », et aussi la connaissance implicite de la commutativité de l'ajout : le reste plus 99 euros équivaut à 99 euros plus le reste (la transformation est perçue comme un état dans un glissement de significations).

5. Exemple d'une procédure de calcul fondée sur les transformations opérant sur la représentation arithmétique du problème
Par exemple, retirer 99, c'est la même chose que retirer 100 et ajouter 1. Donc, 105 moins 100, 5 ; 5 plus 1, 6 ; 105 moins 99 est égal à 6.

La mise en œuvre de cette procédure nécessite des connaissances sur la composition de transformations de sens opposés (plus exactement la transformation d'une transformation négative en une composition de deux transformations de sens opposés).

6. Exemple d'une procédure de calcul fondée sur des traitements opérant sur la signification « écart » au sein du système de représentation et de traitement arithmétique

L'élève procède à un basculement de signification dans le système de représentation arithmétique : calculer 105 – 99, c'est calculer la différence entre 105 et 99 (basculement de la signification « calcul d'un retrait » à la signification « calcul d'une différence/écart »). Puis l'élève remplace le calcul de la différence 105 – 99 par celui d'une différence égale, mais plus facile à calculer, 106 – 100, en ajoutant 1 aux deux termes de la différence.
La mise en œuvre de cette procédure s'appuie sur les savoirs suivants :
– ce qui reste lorsqu'on retire le plus petit nombre au plus grand, c'est la différence ;
– on ne change pas une différence si l'on ajoute un même nombre aux deux nombres.
Ces connaissances ne sont mobilisables que si elles ont fait l'objet d'un apprentissage. Dans cette procédure, on remplace, du côté de la représentation mathématique, un problème par un autre problème.

7. Exemple d'une procédure baptisée souvent « experte », ici à tort, qui met en œuvre l'effectuation d'une technique opératoire (ici par conservation de l'écart, avec retenues)

Par exemple :

$$\begin{array}{r} 10\overset{1}{5} \\ -\ {}_{1}99 \\ \hline 006 \end{array}$$

L'élève reconnaît dans cette situation de retrait la pertinence de l'utilisation de la technique opératoire de la soustraction pour calculer la solution. Mais dans ce cas, cette procédure n'est guère économique. Les procédures citées précédemment sont « plus agréables » à mettre en œuvre.
C'est, confronté trop régulièrement à de telles situations, que l'élève en déduira la signification pragmatique suivante de la résolution de problèmes : « résoudre un problème, c'est faire une opération », donc poser une technique opératoire.

L'élève expert est celui qui utilise le calcul réfléchi, c'est-à-dire qui fait le choix d'un procédé de calcul adapté à la situation de calcul. L'apprentissage de la résolution de problèmes est étroitement lié à celui du calcul.

Les exemples de résolution de problèmes numériques décrits ci-dessus montrent que la représentation de la procédure de calcul est très souvent en rupture avec la représentation iconique immédiate du problème.

La construction de la procédure de calcul peut passer entre autres par :
– une transformation préalable de la représentation immédiate de la situa-

tion perçue par lecture de l'énoncé (pour résoudre le problème, on change la situation) ;
– un « basculement » de signification dans le système arithmétique de représentation et de traitement, après traduction mathématique de la situation (pour résoudre le problème, on change la signification de l'opération) ;
– des transformations opérant sur des écritures mathématiques (pour résoudre le problème, on utilise des règles de transformation inhérentes à un procédé de calcul) ;
– des transformations opérant sur une représentation schématique (on remplace le problème par un problème équivalent au sein du système de représentation mathématique) ;
– le contrôle de la plausibilité du résultat (dans une structure de sens, par exemple celle des situations additives, on effectue une opération plutôt qu'une autre, car l'une d'entre elles s'avère erronée) ;
– et, bien sûr, par des combinaisons de ces différents modes de résolution.

L'expertise nécessite également la mise en œuvre de procédures de vérification et de contrôle.

Quelle place pour l'apprentissage à la construction de la représentation des problèmes ?

L'apprentissage de la résolution de problèmes numériques s'effectue en étroite relation avec celui des opérations et du calcul. Permettre l'ancrage des opérations arithmétiques en relation avec les actions exercées sur des collections ou la suite des nombres (bande numérique...), développer la maîtrise des opérations mentales (de transformation, de mise en correspondance et d'inférence, logiques ou fondées sur les structures relationnelles numériques) à mettre en œuvre aux différents niveaux de la représentation (iconique et arithmétique) afin de résoudre les problèmes sont les objectifs principaux à atteindre dans cet apprentissage.
C'est sur cette analyse que se fonde la trame d'apprentissage proposée dans les deux premières parties de cet ouvrage. Il est nécessaire de distinguer trois niveaux principaux de la représentation et de catégoriser les problèmes dans chacun de ces cadres. L'apprentissage s'effectue dans le cadre de deux champs conceptuels principaux : le champ additif et le champ multiplicatif.

Champ conceptuel des structures additives

Résoudre un problème additif consiste à construire ou à mobiliser une représentation du problème, ainsi qu'à mobiliser (ou construire) et mettre en œuvre une procédure de résolution.

Une catégorisation iconique et linguistique des situations additives

Dès le cycle 2, il s'agit d'ancrer l'addition et la soustraction dans quatre grandes catégories de situations. L'objectif est de développer des images mentales de type iconique en relation avec ces opérations et avec les écritures $a + b = c$ et $a - b = d$. **La reconnaissance des problèmes additifs est liée à la capacité à catégoriser les situations.** Représenter une situation par une opération ne doit pas être confondu avec la mise en œuvre d'une procédure de calcul qui dépend de la position du nombre inconnu dans la relation numérique.

1. Ajouter/retirer
Les situations correspondant à l'augmentation ou à la diminution de collections d'entités discrètes constituent une première catégorie. Ajouter ou retirer des jetons d'une boîte opaque permet d'ancrer les premières significations dynamiques de l'addition et de la soustraction. C'est un support à la résolution de problèmes. Les images mentales correspondantes sont des représentations iconiques dynamiques (processus). On « voit » un « tout » qui augmente (qui « grossit »), ou un « tout » qui diminue selon que l'on ajoute des jetons ou qu'on les retire. L'addition et la soustraction modélisent respectivement l'ajout et le retrait.
Cette catégorie de situations permet d'ancrer une autre image mentale ; celle de la réversibilité de l'addition et de la soustraction, dont le schéma ci-dessous peut rendre compte.

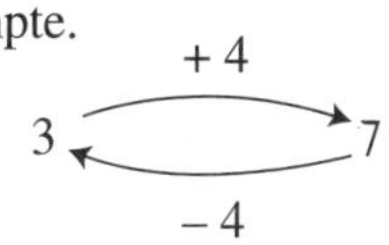

3 est la mesure de l'état initial. 7 est la mesure de l'état final. + 4 est une transformation positive et – 4 une transformation négative.
En relation avec cette catégorie de situations, les significations des écritures 3 + 4 et 7 – 4 sont de nature fonctionnelle. De nombreux verbes de transfert se rapportent à cette catégorie de situations : *donner*, *recevoir*, *gagner*, *perdre*, etc.

2. Réunir/séparer
Les situations correspondant à la réunion de deux collections d'entités discrètes et à la séparation d'une collection en deux parties constituent une seconde catégorie de situations qui ne déclenchent pas les mêmes images mentales. La représentation iconique sous-jacente à la réunion est un processus qui schématise l'évolution suivante : deux touts, d'abord séparés, sont associés et deviennent deux parties d'un nouveau tout, perçu lui-même comme une nouvelle entité. L'addition modélise la réunion.

La représentation iconique sous-jacente au processus de séparation schématise l'évolution suivante : un « tout » se scinde en deux « touts ». Si l'on découpe une bande de sept carreaux, cette bande est séparée en deux bandes de quatre et de trois carreaux, par exemple. Si l'on rapproche les deux bandes, on obtient de nouveau la bande initiale.
Les écritures 4 + 3 = 7 et 7 = 4 + 3 sont en rapport de mimesis avec ces actions. Cette réciprocité des actions « réunir » et « séparer » est traduite par la symétrie de l'égalité.

Cette catégorie de situations permet d'ancrer une signification structurale de l'écriture 3 + 4 = 7 perçue comme une relation entre trois nombres, ainsi que l'ancrage de l'équivalence entre 3 + 4 et 4 + 3. Par exemple, en percevant la réunion de deux collections de gauche à droite ou de droite à gauche, on a conscience qu'il s'agit dans les deux cas du même tout. Donc, 3 + 4 = 4 + 3.

De plus, en découpant une bande de 8 carreaux de différentes manières, on perçoit visuellement diverses réunions qui correspondent au même tout : 1 + 7 = 8 ; 2 + 6 = 8 ; 3 + 5 = 8 ; 4 + 4 = 8 ; etc.
Ces situations permettent d'ancrer le fait qu'un nombre peut se décomposer de plusieurs manières en une somme de deux nombres. Au début de l'apprentissage, il est nécessaire que les significations liées au symbolisme mathématique se doublent d'images mentales.

3. Avancer/reculer
Les situations correspondant à des déplacements dans le sens positif ou dans le sens négatif sur une bande numérique ou sur une droite numérique constituent une nouvelle catégorie qui s'appuie sur les significations suivantes : lorsque l'on avance dans la comptine orale des nombres entiers, les nombres augmentent ; lorsque l'on recule, les nombres diminuent. Si l'on est sur la case 3 et que l'on avance de 4 cases, cette action se traduit par 3 + 4. Si l'on est sur la case 7 et que l'on recule de 4 cases, cette action se traduit par 7 – 4.
Ces situations déclenchent de manière naturelle des actions de surcomptage et de décomptage. Lorsque l'on est sur la case 3, on a déjà parcouru trois cases, et lorsque l'on avance de quatre cases, cela équivaut à rajouter quatre cases supplémentaires aux trois cases précédentes. Lorsque l'on veut calculer le résultat d'un ajout ou d'un retrait, on peut donc s'appuyer sur les déplacements portant sur la suite des nombres. L'expertise du calcul nécessite bien sûr la mémorisation de résultats élémentaires, car les actions de surcomptage et de décomptage ont vite leurs limites.
Comme les situations d'ajout et de retrait, ces situations de déplacement permettent également d'ancrer la réciprocité de l'addition et de la soustraction.

4. Comparer
Les situations de comparaison des mesures de deux collections discrètes constituent une nouvelle catégorie qui permet d'ancrer la signification « écart » ou « différence » de l'écriture $a - b$. En comparant une bande de 7 carreaux avec une bande de 3 carreaux, on perçoit une différence de 4 carreaux. La différence, c'est-à-dire l'écart, c'est ce qu'il faut ajouter à la « petite » bande pour obtenir la « grande », ou ce qu'il faut retirer à la « grande » pour obtenir la « petite ».

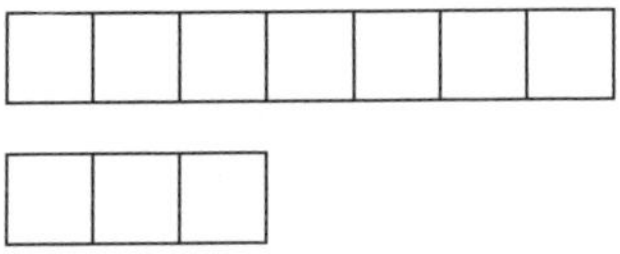

3 + 4 = 7 et 7 – 4 = 3.
La grande bande a 4 carreaux de plus que la petite et la petite 4 carreaux de moins que la grande.
L'interprétation de ces deux propositions nécessite, d'une part, un apprentissage. L'ordre de la langue est inverse de celui du symbolisme. D'autre part, si l'on retire l'équivalent de la petite bande à la grande, on obtient la différence entre la grande et la petite. Cette situation permet d'ancrer la relation entre le retrait et l'écart. Le résultat d'une soustraction correspond à la différence entre les deux nombres de cette soustraction.

Ces situations de comparaison permettent d'enraciner la mise en relation par basculement de significations d'une signification fonctionnelle dynamique (celle d'un retrait) avec celle d'une signification structurale (la différence entre les deux nombres). Mais l'apprentissage de la reconnaissance et de la résolution des problèmes additifs est à mettre en relation avec celui des opérations mentales qu'il convient de mettre en œuvre pour résoudre ces problèmes.

La catégorisation des problèmes additifs de Gérard Vergnaud

Gérard Vergnaud, psychologue et didacticien des mathématiques, distingue les nombres qui désignent des mesures d'état (ces mesures sont positives à l'école élémentaire) et les nombres qui désignent une transformation ou une comparaison (ces transformations peuvent être positives ou négatives).

• Soit l'énoncé de problème : *« Pierre a 32 billes au début de la partie. Il en gagne 12. Combien en a-t-il maintenant ? »*
32 est la mesure de l'état initial. + 12 est la transformation. On cherche la mesure de l'état final (44).

• Soit l'énoncé de problème : *« Marie a 42 images. Elle en a 17 de moins que Sylvie. Combien d'images Sylvie a-t-elle ? »*

42 est la mesure de l'état référent de la comparaison. – 17 est la comparaison qui est ici négative. On cherche la mesure de l'état référé (59).

Gérard Vergnaud classe les problèmes additifs en six types de relations de base[1]. À l'école élémentaire, les problèmes relèvent essentiellement de quatre types de relations de base.

1. La relation de transformations d'états
Cette relation peut se schématiser de la manière suivante :

$$EI \xrightarrow{T} EF$$

Les énoncés de ces problèmes décrivent des situations qui se déroulent temporellement et où l'on peut identifier un état initial (EI) et une transformation (positive ou négative) qui opère sur l'état initial pour conduire à l'état final (EF). Cette structure relationnelle permet de définir six nouvelles catégories suivant que la transformation est positive ou négative et que la recherche porte sur l'état final, la transformation ou l'état initial.

Si le nombre inconnu du problème correspond à la transformation ou à l'état initial, sa recherche nécessite une transformation de la représentation initiale du problème (voir pp. 207-210).

Soit l'énoncé de problème : *« Julien a perdu 17 billes. Il en a maintenant 37. Combien en avait-il avant de jouer ? »*
La signification attachée au verbe *perdre* correspond à une soustraction. Pour construire la procédure de calcul, l'élève devra procéder à une ou des transformations de la représentation immédiate du problème et/ou à des transformations dans le cadre du système arithmétique de représentation et de traitement en relation avec les écritures mathématiques, ou encore dans le cadre d'une représentation schématique du problème. Le contrôle de la pertinence du résultat peut également influencer ses prises de décision concernant la construction de cette procédure de calcul : calcul de la somme 17 + 37.

2. La composition de deux mesures
Cette relation peut se schématiser de la manière suivante :

$$E \begin{cases} E1 \\ \\ E2 \end{cases}$$

1. G. Vergnaud, *Théorie des champs conceptuels*, La pensée sauvage, coll. « Recherches en didactique des mathématiques », 1991.

Il s'agit essentiellement de situations correspondant à des problèmes de réunion ou de séparation de collections ou de grandeurs mesurables. Le nombre inconnu du problème peut être la mesure du tout ou la mesure de l'une des parties.

Soit l'énoncé : « *Dans la classe, il y a 23 élèves. Il y a 12 garçons. Combien y a-t-il de filles ?* »
Ce problème correspond bien à la composition de deux mesures, et la recherche porte sur la mesure de l'une des parties.

3. La relation de comparaison additive
Cette relation peut se schématiser de la manière suivante :

Les mesures de deux états relatifs à des grandeurs mesurables ou repérables sont comparées de manière additive (c'est-à-dire par une comparaison positive ou négative). L'un des états joue le rôle de référent. La relation s'exprime en général par les locutions « de plus » et « de moins ».

Comme pour la relation de transformation d'états, cette catégorie se subdivise en six sous-catégories selon que la comparaison est positive ou négative et que la recherche porte sur l'état référent, l'état référé ou la comparaison. L'énoncé de problème précédent avec Marie correspond à une relation de comparaison additive (négative).

4. Les compositions de transformation
La composition de deux transformations est équivalente à une transformation.

Soit l'énoncé : « *Pierre a gagné 15 billes, puis il a perdu 19 billes. A-t-il perdu ou gagné des billes et combien ?* »
La situation correspond à la composition d'une transformation positive avec une transformation négative. La transformation composée est ici négative. Plusieurs sous-catégories peuvent être envisagées selon que les transformations sont de même signe ou de signes contraires, que la transformation composée est positive ou négative et que la recherche porte sur l'une des deux transformations ou sur la transformation composée.

Les compositions de relations et les comparaisons de transformations ne sont que peu représentatives des problèmes posés à l'école élémentaire.
• Exemple d'énoncé se rapportant à une composition de relations : « *Marie doit 20 euros au boucher. Elle lui donne 10 euros.* »

• Exemple d'énoncé se rapportant à une composition de deux relations : *« Arnaud doit 30 euros à Sébastien, mais Sébastien lui doit 20 euros. »*

L'intérêt de la catégorisation de Gérard Vergnaud est, d'une part, de montrer que **les problèmes ne peuvent être catégorisés selon une norme qui consisterait à les regrouper en fonction de la technique opératoire à employer** pour trouver le résultat : c'est-à-dire les problèmes dont la solution s'obtient en effectuant une addition et les problèmes dont la solution s'obtient en effectuant une soustraction. Cette catégorisation montre également que **l'apprentissage de l'addition et celui de la soustraction ne peuvent être dissociés**. D'autre part, cette catégorisation est intéressante pour l'enseignant car elle lui permet de contrôler la diversité des problèmes qu'il propose à ses élèves.
Toutefois, au cours de l'apprentissage, l'élève s'affranchit de plus en plus de la situation pour résoudre le problème. À partir de la reconnaissance de sa structure, l'élève construit la procédure en s'appuyant sur les relations numériques. C'est la connaissance des structures relationnelles additives qui guide la résolution.

Une catégorisation fondée sur les relations numériques additives

Si l'on appelle x le nombre cherché dans le problème, chaque problème additif est structuré par un réseau de relations entre trois nombres (les deux nombres connus et le nombre inconnu).

La partie de billes

Soit l'énoncé : *« Avant le début de la partie, Steve avait 132 billes. À la fin de la partie, il avait 99 billes. Combien de billes a-t-il perdues ? »*

Le maître demande aux élèves d'un CE2 de représenter le problème par une écriture mathématique, en appelant x le nombre de billes perdues. Les élèves proposent les écritures suivantes :
$132 - x = 99$; $99 + x = 132$; $132 - 99 = x$; $132 + 99 = x$.

La première écriture est en relation de mimesis avec la situation, mais les deux autres sont le résultat de transformations de la situation ou de la relation numérique. Seule la dernière écriture ne correspond pas.
Cette expérience prouve que les élèves n'en restent pas à une représentation immédiate du problème en rapport de mimesis avec la situation. Ils procèdent à des transformations de représentations par basculement ou par mise en correspondance de significations.

La connaissance mentale des relations numériques entre trois nombres dont l'un d'entre eux est égal à la somme des deux autres permet les transformations du problème à l'intérieur d'un cadre purement numérique.
Dans le cadre du problème précédent, on a bien trois relations numériques entre les nombres du problème : $x + 99 = 132$; $132 - 99 = x$; $132 - x = 99$.

Ces relations peuvent se retrouver en organisant les nombres en trio :

<table><tr><td colspan="2">132</td></tr><tr><td>x</td><td>99</td></tr></table>

Dans ce cadre, les problèmes additifs peuvent être répartis en deux catégories seulement :

1. Les problèmes pour lesquels le nombre inconnu est égal à la somme des nombres connus du problème. Ces problèmes sont modélisables par les relations : $a + b = x$; $x - a = b$; $x - b = a$.
Si la représentation immédiate du problème est $x - a = b$, la solution peut être obtenue en calculant $a + b$. C'est par exemple le cas de l'énoncé de problème avec Julien (p. 214). Ces relations correspondent au trio de nombres :

<table><tr><td colspan="2">x</td></tr><tr><td>a</td><td>b</td></tr></table>

2. Les problèmes pour lesquels le nombre inconnu est égal à la différence entre les nombres connus. Ces problèmes sont modélisables par les relations : $a + x = b$; $b - a = x$; $b - x = a$. Si la représentation immédiate du problème est $a + x = b$, la solution peut être obtenue en calculant la différence $b - a$ (le calcul d'un complément). Ces relations correspondent au trio de nombres :

<table><tr><td colspan="2">b</td></tr><tr><td>a</td><td>x</td></tr></table>

C'est pourquoi les problèmes additifs simples peuvent être résolus soit par une addition, soit par une soustraction.

Remarque
L'algèbre n'est bien sûr pas au programme de l'école élémentaire. Mais pouvoir nommer par une lettre le nombre inconnu d'un problème permet d'établir des relations entre les nombres de ce problème. « Algébriser » ne veut pas dire appliquer les règles de l'algèbre.

L'élève devient expert lorsqu'il est capable de décider rapidement s'il doit effectuer le calcul d'une addition ou celui d'une soustraction, c'est-à-dire lorsqu'il est capable d'automatiser mentalement les éventuelles transformations de la représentation immédiate. Cette reconnaissance nécessite un **apprentissage**. De plus, **une résolution experte des problèmes additifs ne se confond pas avec la mise en œuvre d'une technique opératoire**. Pour résoudre le problème de Steve (p. 216), il est plus facile de calculer le complément de 99 à 132 que d'effectuer une technique opératoire avec retenues de la soustraction.

Un entraînement à la résolution de problèmes purement numériques est une aide à la résolution de problèmes en général. L'enseignant peut proposer une activité régulière de résolution mentale de problèmes, en relation avec une activité de calcul mental et de calcul réfléchi.

Champ conceptuel des structures multiplicatives

Au cycle 2, il ne peut s'agir que d'une approche du champ conceptuel des structures multiplicatives qui nécessite la création de nouveaux nombres : les rationnels.

Une catégorisation iconique et linguistique de certaines situations multiplicatives

Dès la fin du cycle 2, il s'agit d'ancrer la multiplication dans deux grandes catégories de situations. L'approche de la division s'effectue en relation avec des situations de partage (recherche du nombre de parts ou de la valeur d'une part).

La multiplication
1. L'addition réitérée
De nombreuses situations sont modélisables par des additions réitérées d'un même nombre. Par exemple, lorsque l'on cherche la somme d'argent à payer quand on achète 4 timbres à 3 euros :
- 4 fois 3, c'est $3 + 3 + 3 + 3$; $3 + 3 + 3 + 3 = 3 \times 4$;
- 3 fois 4, c'est $4 + 4 + 4$; $4 + 4 + 4 = 4 \times 3$.

Ces situations donnent une signification fonctionnelle dynamique à l'écriture $a \times b$. Cette signification ne permet pas de faire apparaître que $a \times b = b \times a$, mais elle contrôle au départ de l'apprentissage le calcul des produits élémentaires.
L'addition réitérée peut être mise en relation avec le parcours d'une bande numérique selon des bonds réguliers successifs. Trouver la valeur de 4 fois 3 revient à effectuer 4 bonds de 3 cases chacun à partir de 0 : 3, 6, 9, 12. Ce parcours permet de déterminer les multiples de 3.

2. Le produit cartésien
Des situations dans lesquelles des éléments sont rangés en lignes et en colonnes permettent de faire apparaître que *a* fois *b* et *b* fois *a* ont le même résultat.

× × × × ×
× × × × ×
× × × × ×
× × × × ×

Cette situation peut être modélisée par 4×5 ou 5×4. Dans ce cas, la signification attachée au produit 4×5 est une signification structurale : 4 et 5 ont la même signification, alors que, dans l'addition réitérée, les deux nombres du produit n'ont pas la même signification, donc la même fonction (avant 1970, on employait les termes de « multiplicateur » et de « multiplicande »).
Rechercher le nombre de fenêtres d'un immeuble à partir d'un dessin qui fait apparaître 6 étages et 8 fenêtres par étage correspond à ce type de situation.

Confronter les élèves à ces deux catégories de situations permet d'ancrer dès le début de l'apprentissage plusieurs significations à l'écriture $a \times b$:
- 3×5, c'est 5 fois 3, ou 3 fois 5, ou $3 + 3 + 3 + 3 + 3$, ou $5 + 5 + 5$;
- $3 \times 5 = 5 \times 3$.

Si l'on recherche le nombre de couples de danseurs que l'on peut former à partir d'une base de trois filles et de deux garçons, cette situation peut se résoudre en construisant un tableau à double entrée. Elle est donc schématisable par un tableau de 3 lignes et de 2 colonnes, ou de 2 lignes et de 3 colonnes, et se rapporte à cette catégorie.

La division
Un partage est une séparation d'un tout en plusieurs parties (pas forcément en parts identiques). La division « concrète », c'est-à-dire le partage en parts « égales », correspond au fractionnement d'un tout en parts de même valeur (ayant le même nombre d'éléments, la même mesure, etc.).

• Lorsque l'on sépare un tout en parts « identiques », c'est-à-dire en parties dont les mesures ont une même valeur connue, on peut vouloir connaître le nombre de parties contenues dans le tout. On recherche le plus grand nombre de fois que l'on a la mesure de chaque part dans la mesure du tout.

Exemple : *« Avec un jeu de 52 cartes on forme des paquets de 4 cartes. On cherche combien de paquets de 4 cartes on peut faire avec ce jeu. »*
Plusieurs procédures sont possibles pour un élève qui ne dispose pas encore d'une procédure algorithmique ou d'une technique :
- dessiner les 52 cartes, puis former des paquets de 4 cartes et dénombrer le nombre de paquets ;
- procéder à une addition réitérée : $4 + 4 + ... + 4$ jusqu'à ce qu'il obtienne 52. Puis dénombrer le nombre de termes égaux à 4, ce qui permet d'obtenir le nombre de paquets. Cette procédure est en rapport de mimesis avec la situation ;
- rechercher le plus grand nombre de fois que 4 est contenu dans 52. Si

l'élève sait modéliser cette situation par un produit, il pourra procéder par tâtonnement en recherchant le facteur inconnu d'un produit. Par exemple, $4 \times 10 = 40$; $4 \times 11 = 44$; $4 \times 12 = 48$; $4 \times 13 = 52$. Il y a 13 paquets de 4 cartes. On parle dans ce cas d'une « division quotition » (recherche du nombre de parts).

• En revanche, si l'on connaît la mesure du tout et le nombre de parties, la recherche pourra porter sur la mesure de chacune des parties. Mais le calcul arithmétique de la solution n'est pas dans un rapport de mimesis avec la représentation iconique du problème.

Exemple : *« On distribue les 52 cartes d'un jeu à 4 joueurs. Combien de cartes chaque joueur reçoit-il ? »*
Pour un élève qui ne dispose pas d'un schéma de résolution ou d'une technique pour résoudre ce problème, la tâche est plus complexe que précédemment. On ne peut imaginer dans le cadre d'une représentation de la situation de procéder à une addition réitérée de 4 joueurs ! Plusieurs procédures sont possibles pour un élève qui ne dispose pas encore d'une procédure algorithmique pour résoudre le problème :
– dessiner les 52 cartes et tenter de faire 4 paquets comportant le même nombre de cartes ;
– essayer une addition réitérée d'un nombre. Par exemple : $10 + 10 + 10 + 10 = 40$, trop petit ; $12 + 12 + 12 + 12 = 48$, trop petit ; $13 + 13 + 13 + 13 = 52$. Chaque joueur aura 13 cartes ;
– rechercher le facteur inconnu d'un produit, c'est-à-dire un nombre x, tel que $x \times 4 = 52$, et procéder par tâtonnement. $10 \times 4 = 40$; $11 \times 4 = 44$; $12 \times 4 = 48$; $13 \times 4 = 52$. Dans ce cas, on parle d'une « division partition » (recherche de la valeur d'une part).

Une catégorisation fondée sur les relations numériques multiplicatives

Plus encore que pour les problèmes additifs, la construction de la représentation d'un problème multiplicatif (même simple) et la construction de la procédure de résolution nécessitent un traitement déconnecté du cadre des représentations iconiques. La connaissance des relations numériques multiplicatives permet progressivement à l'élève de changer la représentation immédiate d'un problème dans le cadre des représentations arithmétiques. **Il est donc important que, dans ce cadre arithmétique, les élèves puissent disposer d'un symbole pour traduire la division ; non pas la division « concrète », qui correspond à un acte concret de partage, mais une division définie comme l'opération réciproque de la multiplication. Cet apprentissage ne peut, à la rigueur, n'être envisagé qu'à la fin du cycle 2, par exemple en rapport avec l'apprentissage de la mémorisation des produits élémentaires.**

Dans le cadre des problèmes précédents, l'un des nombres du problème est égal au produit des deux autres. On a les relations : $x \times 4 = 52$; $52 : 4 = x$; $52 : x = 4$.

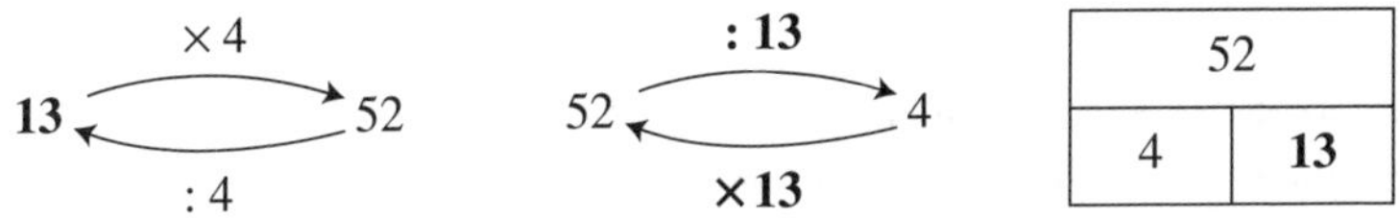

Pour ancrer ces relations, l'enseignant aura intérêt à proposer à ses élèves différents problèmes dont les nombres seront dans une relation multiplicative simple (à l'intérieur des produits élémentaires). C'est lorsque les élèves sont capables de procéder à des basculements de signification à l'intérieur d'une structure numérique qu'ils n'éprouvent plus de difficulté à transformer la représentation immédiate iconique d'un problème pour construire la procédure de résolution.
Le partage de 52 cartes entre 4 joueurs est traduit par 52 : 4, mais pour calculer le résultat de cette division, on recherche le plus grand nombre de fois que l'on a 4 dans 52, c'est-à-dire un nombre inconnu x tel que $x \times 4 = 52$. Les problèmes de ce type se répartissent en deux catégories : ceux dont la solution s'obtient en calculant un produit, ceux dont la solution s'obtient en calculant le résultat d'une division. Mais, comme pour les situations additives, cet apprentissage est à considérer sur un temps suffisant et il ne doit en aucune manière empêcher l'exercice du calcul réfléchi : calculer le résultat d'une division, c'est rechercher le plus grand nombre de fois que l'on a le diviseur dans le dividende, et cette recherche ne nécessite pas toujours l'utilisation de la technique.

Remarque
Le symbole « : » sert avant tout à établir ces relations multiplicatives. Il n'est pas le symbole de la division euclidienne des entiers.

Quelle place pour les schémas ?

Soit l'énoncé de problème : *« Marie fait des achats. Elle dépense 20 euros. Il lui reste alors 30 euros dans son sac. Quelle somme d'argent avait-elle avant d'effectuer ses courses ? »*

La représentation cognitive iconique de cette situation est celle d'une diminution (un tout qui diminue suite à un retrait). C'est l'état initial qui manque et qui constitue l'inconnu du problème. On sait que ce problème est difficile à résoudre. Si l'élève prélève la signification « retirer » associée au verbe *dépenser* (mot « inducteur ») et s'il cherche à effectuer une opération avec les deux nombres de l'énoncé, il peut effectuer la soustraction 30 – 20 et prendre le résultat de cette opération pour solution. S'il ne contrôle pas la pertinence de ce résultat avec la situation, une solution égale à 10 euros ne le perturbera pas. Une procédure économique nécessite en fait la maîtrise d'une relation logique entre soustraction et addition.

L'apprentissage de l'utilisation de schémas améliore-t-il la résolution de tels problèmes ?

En effet, le problème peut être représenté par le schéma suivant :

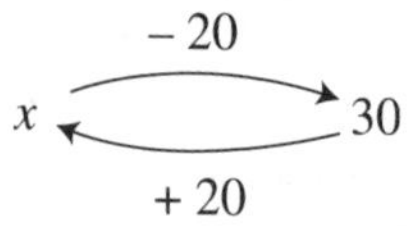

La solution du problème s'obtient en effectuant l'addition 30 + 20. Ce schéma est une sorte d'interface entre la représentation de la situation et la représentation du calcul ; il permet de penser la réciprocité de la soustraction et de l'addition. Mais l'expérience prouve que les élèves n'utilisent que rarement ces schémas de manière spontanée pour résoudre ces problèmes. Leur utilisation n'est possible que lorsque l'élève a déjà construit la représentation du problème ; dans ce cas, il n'en a pas besoin pour le résoudre. En revanche, les schémas logiques peuvent être des supports concernant la validation des solutions et permettre aux élèves de mieux comprendre un schéma mental de résolution. Les schémas mettant en évidence les relations logiques peuvent donc constituer un moyen didactique d'explicitation des solutions.

Quelle place pour les problèmes pour chercher ?

Apprendre à chercher et à trouver la solution d'un problème pour lequel on ne dispose pas *a priori* de schéma de résolution fait partie de l'apprentissage des mathématiques. Il s'agit d'une dimension essentielle de l'activité mathématique. Mais cet apprentissage n'est possible que si l'enseignant développe chez ses élèves le désir de connaître et l'envie d'aller au-devant du défi (par exemple, dans le cadre de défis mathématiques organisés sur le plan national ou départemental).

Au cycle 2, mieux vaut proposer de très nombreux petits problèmes pour chercher que quelques problèmes nécessitant une longue recherche et qui risquent de décourager les élèves.

Bibliographie

Site Internet

Le site pédagogique du ministère de l'Éducation nationale : www.eduscol.education.fr (à consulter régulièrement).

Textes de référence

Programmes de l'école primaire, CNDP, 2007.
Documents d'application des programmes, cycle des apprentissages fondamentaux (cycle 2), Scérén/CNDP, 2002-2003.
Documents d'accompagnement des programmes, école primaire, Scérén/CNDP, 2005 :
- « Les problèmes pour chercher » ;
- « Résolution de problèmes et apprentissage » ;
- « Le calcul mental à l'école élémentaire » ;
- « Le calcul posé à l'école élémentaire » ;
- « Utiliser les calculatrices en classe ».

Livres

A. Descaves, S. Vignaud, *Activités numériques à la maternelle : des situations pour maîtriser les compétences*, Hachette Éducation, coll. « Pédagogie pratique à l'école », 2006.
A. Descaves, *Les Mathématiques au concours de professeur des écoles*, Hachette Éducation, coll. « Objectif concours enseignement », n° 26, 2007.
A. Descaves, *Le Manuel de mathématiques du PE2*, Hachette Éducation, coll. « L'école au quotidien », 2007.
A. Descaves, *Comprendre des énoncés, résoudre des problèmes*, Hachette Éducation, coll. « Didactique, pédagogie pour demain », 1992.
R. Charnay, *Pourquoi des mathématiques à l'école ?*, ESF éditeur, coll. « Pratiques et enjeux pédagogiques », 1999.
Équipe de didactique des mathématiques, *Apprentissages numériques et résolution de problèmes, CP et CE1*, Hatier, coll. « ERMEL », 2005.
M. Fayol, *L'Enfant et le nombre : du comptage à la résolution de problèmes*, Éditions Delachaux et Niestlé, coll. « Actualités pédagogiques et psychologiques », 1990.

G. Vergnaud, *Théorie des champs conceptuels*, La Pensée sauvage, coll. « Recherches en didactique des mathématiques », 1991.
G. Brousseau, *Le Contrat didactique : le milieu*, La Pensée sauvage, coll. « Recherches en didactique des mathématiques », 1989.
F. Conne, *Comptage et écriture en ligne d'égalités numériques*, La Pensée sauvage, coll. « Recherches en didactique des mathématiques », 1989.
J. Briand, M.-C. Chevalier, *Les Enjeux didactiques dans l'enseignement des mathématiques*, Hatier, coll. « Hatier pédagogie », 1995.
M.-L. Peltier, P. Auber (sous la dir. de), *Activités de calcul mental au quotidien, cycle 2*, Hatier, coll. « Mosaïque », 2001.
F. Boule, *Le Calcul mental à l'école*, IREM de Bourgogne, 1997.

Achevé d'imprimer en France par l'imprimerie Hérissey – N° 105361
Dépôt légal : juillet 2007 – Collection 13 – édition 01
17/1006/0